JUS D'ORONGE

Jean de Porla

HACHETTE

Dans la même collection :

Enquêtes en Espagne.

Marc Villard, *La Voix sans visage.*

Delacorta, *Papillons de nuit.*

Robert Escarpit, *Meurtre dans le Pignadar.*

Dorothée Gardien, *Malgré les apparences.*

Couverture : maquette d'Amalric ; photo de Fabrice Boissière.

ISBN 2.01.011800.6
© HACHETTE 1986 - 79, boulevard Saint-Germain - F 75006 PARIS.

INTRODUCTION

Jus d'oronge est à la fois une enquête policière classique et un livre-jeu.

Roman policier classique, *Jus d'oronge* est l'histoire d'un crime dans un village alpin : crime paysan classique, drame de la jalousie, sordides histoires d'intérêts et de vengeances dans la France profonde... À l'adjudant Savary et au gendarme Mathieu de débrouiller cette énigme villageoise, qui met à jour préjugés, vieilles haines tenaces et combines locales, mais, qui sait ? peut-être aussi des trafics plus modernes liés à la grande criminalité internationale...

Mais *Jus d'oronge* est également un roman-jeu à double titre.

D'abord parce qu'il a été conçu à partir d'une matrice d'énigmes d'un genre nouveau, *Cartes noires*, qui permet de fabriquer presque automatiquement des scénarios de romans policiers (*). Cette matrice de romans a permis d'élaborer *Jus d'oronge* en utilisant les rois, dames et valets d'un jeu ordinaire de trente-deux cartes. On retrouvera la trace de cette origine dans les noms transparents de Michel Tréfel, de Suzanne Carreau, de Marie Lecœur et du Dr Lepic ; Pilar, la gitane, est évidemment la dame de pique, M. Leplat le roi de carreau. Si vous voulez en savoir plus, procurez-vous *Cartes noires*.

_____

(*) DEBYSER (F.). *Cartes noires : inventer et élucider des énigmes policières*, BELC Créacom. 1982.

Mais la vraie nouveauté de *Jus d'oronge* est qu'il s'agit du premier roman policier en arbre dont le lecteur est le détective, c'est-à-dire que l'adjudant Savary, c'est vous. C'est à vous de décider si vous interrogez d'abord Mlle Barbin ou le vétérinaire, la gitane ou le père Trochu, si vous vérifiez tel témoignage ou si vous consultez tel document. Grâce à cette configuration permettant des lectures multiples, ce roman « arborescent » a pu être réalisé en version télématique et présenté sous cette forme à l'exposition « Les Immatériaux », puis diffusé sur Minitel.

Vous ne lirez donc pas *Jus d'oronge* comme un livre ordinaire mais vous choisirez votre parcours comme dans une véritable enquête. Cela va vous amener à aller et venir dans cette histoire, à vous centrer sur un personnage, à revenir sur un autre ; les décisions que vous prendrez ne vous renverront pas à la page suivante, mais aux branchements numérotés vers lesquels vous orienteront votre méthode ou votre flair.

Mais attention ! Si vous voulez être un bon enquêteur, soyez toujours attentif : les meilleurs atouts d'un bon détective ne sont ni la brutalité imbécile ni un gros revolver, mais son jugement et sa mémoire ; ses armes les plus sûres sont donc un calepin et un crayon. Dans *Jus d'oronge*, chaque épisode comporte au moins un indice ; sachez le reconnaître, le noter et vous en souvenir.

Enfin, si vous jouez à plusieurs, répartissez-vous la tâche : pendant que l'un va chez Angelo, que l'autre aille interroger le père Trochu ; comparez ensuite leurs témoignages et vos hypothèses.

Francis Debyser

Un conseil :

Certains épisodes vous proposent soit de continuer, soit d'obtenir une information. Si vous choisissez l'information, gardez la page de l'épisode afin de pouvoir continuer ensuite sans vous perdre : le renvoi à cette information peut en effet figurer dans plusieurs épisodes ou interrogations différents.

L'enquête se passe à La Voulte (Hautes-Alpes) dans la semaine du 21 au 26 octobre 1984.

Dans ce hameau de La Voulte, commune de Visson, habitent :

M. et Mme Trochu : cultivateurs
Michel Tréfel : propriétaire d'une scierie
Angelo Cerutti : travailleur agricole italien
Eusèbe : l'« idiot du village »
Marie Lecœur : fille de l'Assistance publique placée chez les Trochu
Thérèse Martinet : infirmière
Geneviève Barbin : institutrice
Charles Leplat : vétérinaire
Suzanne Carreau : employée à la mairie de Visson
Dr Lepic : médecin de campagne
Pilar : bohémienne

Continuez ▷ 2

Il y a deux enquêteurs : l'adjudant Savary, c'est-à-dire vous, assisté du gendarme Mathieu.

On vous a téléphoné à la gendarmerie de Briançon ce matin à neuf heures et demie pour vous informer de la mort d'un jeune homme de La Voulte. Vous vous y rendez et vous arrivez à dix heures et demie.

– *Vous voulez connaître les faits le plus tôt possible* ▷ 3
– *Vous regardez le paysage* ▷ 4
– *Vous vous intéressez au temps qu'il fait* ▷ 5

Les faits :

Le corps d'un jeune homme a été trouvé ce matin dans la cabane à outils du chalet de Mlle Thérèse Martinet qui loge également Mlle Geneviève Barbin, institutrice à Visson.

C'est Thérèse Martinet qui a trouvé le corps et averti ses voisins : M. Leplat, vétérinaire, qui a téléphoné à la gendarmerie et le docteur Lepic.

La victime est habillée en paysan : pantalon et veste de toile bleue, grosses bottes en caoutchouc.

→

Il y a à côté de son corps une bouteille presque vide qui dégage une forte odeur de champignon.

Il est blessé au visage, comme si on l'avait frappé violemment.

Apparemment la mort remonte à une douzaine d'heures.

– *Vous interrogez Thérèse Martinet* ▷ 6
– *Vous interrogez Geneviève Barbin* ▷ 7
– *Vous interrogez M. Leplat*   ▷ 8
– *Vous interrogez le Dr Lepic*   ▷ 9

---

4   *Le paysage :*

La Voulte n'est pas un charmant petit village des Alpes mais un groupe de maisons, à trois kilomètres à l'est du bourg de Visson, sur la route de la frontière italienne.

Quand on vient de Visson, on trouve à droite de la route une grosse ferme et une petite scierie ; sur la gauche, quelques chalets plus coquets avec des jardins ; entre les maisons, un chemin monte vers la montagne et s'enfonce très vite dans les sapins, tout proches.

Il n'y a pas encore de neige et les versants rocheux de la montagne sont grisâtres, comme l'ardoise des toits. La masse sombre des sapins accentue la tristesse de ce hameau.

– *Voulez-vous voir le plan ?* ▷ 26
– *Savoir le temps qu'il fait ?* ▷ 5
– *Connaître les faits ?*   ▷ 3

---

5   *Le temps qu'il fait :*

C'est l'été de la Saint-Martin à La Voulte. Nous sommes dans les derniers jours d'octobre : le temps est exceptionnellement beau pour la montagne en pareille saison. Il n'a presque pas plu et les premières neiges ne sont pas encore tombées. Les cols sont ouverts et le sol est sec : il gèle depuis une semaine la nuit.

La lune est à son premier quartier et les nuits sont claires.

– *Les faits*   ▷ 3
– *Description de La Voulte* ▷ 4

ADJ. SAVARY : C'est vous, madame, qui avez trouvé le **6**
    corps ?
THÉRÈSE : Oui, monsieur. Je suis Mlle Martinet.
    C'est ce matin à huit heures ; je partais faire des
    piqûres dans la vallée. En prenant ma mobylette dans
    la cabane, je l'ai trouvé là, par terre.
    C'était terrible ; le pauvre garçon était tout violacé, la
    figure en sang.
    J'ai cru d'abord qu'il était ivre parce qu'il avait vomi
    partout ; mais en m'approchant, j'ai vu qu'il était
    mort...
– *Vous voulez en savoir plus sur Thérèse* ▷ *14*
– *Vous continuez à la questionner*   ▷ *10*

Geneviève Barbin n'est pas là ; interrogez d'abord Thérèse **7**
Martinet qui a trouvé le corps.

Retournez ▷ *6*

M. Leplat n'est pas là ; interrogez d'abord Thérèse Martinet **8**
qui a trouvé le corps.

Retournez ▷ *6*

Le Dr Lepic reçoit un malade ; vous le verrez tout à **9**
l'heure. Interrogez d'abord Thérèse Martinet qui a trouvé
le corps.

Retournez ▷ *6*

– *Vous demandez à Thérèse Martinet si elle range* **10**
  toujours sa mobylette dans la cabane   ▷ *11*
– *Vous vous faites montrer la victime*   ▷ *12*
– *Vous lui demandez où elle allait dans la vallée* ▷ *13*
– *Vous lui demandez qui elle est et vous le notez*
  sur votre calepin   ▷ *14*

ADJ. SAVARY : Vous la rangez toujours là votre mobylette ? **11**
THÉRÈSE : Oui.

Retournez ▷ *10*

12 THÉRÈSE : Tenez, le voilà.

ADJ. SAVARY : Vous savez qui c'est ?

THÉRÈSE : Bien sûr, c'est Eusèbe, le garçon de ferme des Trochu, un handicapé mental, l'idiot du village comme on dit encore par ici ; dix ans d'âge mental, mais un brave garçon.

  – *Vous demandez qui sont les Trochu* ▷ 16
  – *Vous demandez ce qu'elle a fait quand elle a découvert le corps* ▷ 17

---

13 ADJ. SAVARY : Des piqûres dans la vallée, où ça ?

THÉRÈSE : Je devais aller chez les Vachon à Perailles, chez Mme Lesueur à Visson et vacciner les enfants Batteux à Moraine.

  – *Vous faites vérifier* ▷ 15 ▷ 10
  – *Vous retournez* ▷ 10

---

14 *Notes de l'adjudant :*

Thérèse Martinet, célibataire, originaire du pays, née à Visson, trente-cinq ans, infirmière.

Le chalet lui appartient. Elle a un oncle à Visson qui est conseiller général.

Loge Mlle Barbin, institutrice, à qui elle loue le rez-de-chaussée du chalet.

Plutôt belle fille, calme, sportive.

  Retournez ▷ 10

---

15 Vous demandez au gendarme Mathieu de vérifier. Il va s'en occuper mais vous n'aurez le résultat que plus tard.

---

16 *Notes de l'adjudant :*

Les Trochu ont la grosse ferme, de l'autre côté de la route, en face de l'arrêt de l'autocar. M. Trochu, quarante-cinq ans, est agriculteur et exploitant forestier. Marié à Mme Trochu, quarante-huit ans, née Bouchard.

  – *Vous regardez sur le plan de la vallée où est la ferme des Trochu* ▷ 26 ▷ 17
  – *Vous allez directement* ▷ 17

ADJ. SAVARY : Qu'est-ce que vous avez fait quand vous 17
   avez vu qu'il était mort ?

THÉRÈSE : J'étais seule à la maison ; Mlle Barbin était déjà
   partie pour son école de Visson par le car de ramassage
   scolaire qui passe à sept heures et demie. Alors j'ai
   crié pour appeler les voisins. M. Leplat, le vétérinaire
   qui habite à côté, est arrivé immédiatement ; je lui ai
   dit d'aller chercher le Dr Lepic, et puis de téléphoner
   tout de suite à la gendarmerie surtout quand j'ai vu
   cette horrible bouteille !

Continuez ▷ 18

18

– *Qui est Mlle Barbin ?*   ▷ 30
– *Qui est M. Leplat ?*   ▷ 19
– *Qui est le Dr Lepic ?*   ▷ 20
– *Thérèse n'a pas le téléphone ?*   ▷ 21
– *À quelle heure avez-vous demandé à M. Leplat*
  de nous prévenir ?   ▷ 22
– *Quelle bouteille ?*   ▷ 23

Vous êtes revenu à cette fiche :
vous tournez en rond. Allez ▷ 25

Notes de l'adjudant :   19

Charles Leplat, quarante-huit ans, veuf, vétérinaire, s'est
installé à La Voulte il y a onze ans, voisin de Mlle Martinet ;
après avoir prévenu les gendarmes à neuf heures et
demie, il est parti en voiture chercher Mlle Barbin à
Visson.

– *Vous regardez sur le plan où se trouve*
  la maison du vétérinaire   ▷ 26 ▷ 18
– *Vous retournez directement*   ▷ 18

Notes de l'adjudant :   20

Le docteur Lepic est un vieux médecin de campagne,
originaire de la région. Mlle Martinet travaille souvent
avec lui. Il habite la maison voisine de celle de
Mlle Martinet, de l'autre côté du chemin.

– *Vous regardez sur le plan où se trouve*
  la maison du Dr Lepic   ▷ 26 ▷ 18
– *Vous retournez directement*   ▷ 18

21 Adj. Savary : Vous n'avez pas le téléphone ? C'est curieux pour une infirmière.

Thérèse : Si, mais il est en dérangement depuis deux jours. Nous avons prévenu les PTT mais ils ne passeront que demain.

— *Vous faites vérifier par Mathieu* ▷ *24* ▷ *18*
— *Vous retournez* ▷ *18*

---

22 Adj. Savary : À quelle heure avez-vous demandé à M. Leplat de nous prévenir ?

Thérèse : Presque tout de suite, il devait être huit heures un quart.

Adj. Savary : Tiens, c'est curieux, il ne nous a appelés qu'à neuf heures et demie !

Retournez ▷ *18*

---

23 Adj. Savary : Quelle bouteille ?

Thérèse : Là, à côté du corps, et sentez cette odeur de champignons pourris ; j'ai quand même fait un peu de toxicologie à l'école d'infirmières de Grenoble... J'ai tout de suite compris que c'était du poison, avant que le Dr Lepic le confirme...

— *Vous demandez qui est le Dr Lepic* ▷ *20* ▷ *18*
— *Vous avez déjà posé la question, retournez* ▷ *18*

---

24 Mathieu vérifie immédiatement par un appel radio. C'est exact.

---

25 Adj. Savary : On a touché à cette bouteille ?

Thérèse : Oui, moi, M. Leplat, le Dr Lepic, mais on l'a remise où elle était.

Adj. Savary : Mathieu, il faudra faire vérifier les empreintes.

— *Vous êtes intéressé par les empreintes* ▷ *27*
— *Vous demandez à Thérèse si elle a déjà vu cette bouteille* ▷ *28*

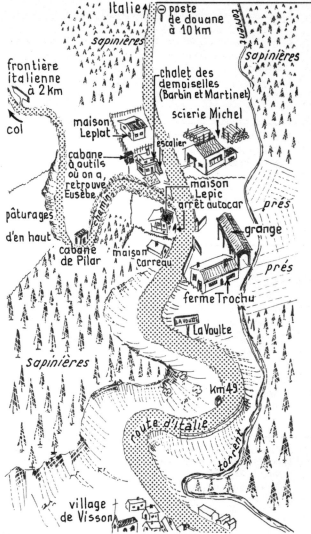

Italie

poste
de douane
à 10 km

sapinières

frontière
italienne
à 2 km

col

chalet des
demoiselles
(Barbin et Martinet)

scierie Michel

maison
Leplat

escalier

cabane
à outils
où on a
retrouvé
Eusèbe

maison
Lepic
arrêt autocar

prés

pâturages

d'en haut

chemin

grange

cabane
de Pilar

maison
carreau

prés

ferme Trochu

sapinières

La Voulte

km 49

route d'italie

torrent

sapinières

torrent

village
de Visson

27   Il y a plusieurs empreintes ; vous les ferez analyser mais cela prendra un peu de temps ; pour l'instant vous gardez la bouteille.

Continuez ▷ 28

---

28   ADJ. SAVARY : Vous avez déjà vu cette bouteille ?
       THÉRÈSE : Non, je ne sais pas... enfin elle ressemble à une bouteille de gentiane dont le père Trochu avait fait cadeau à Mlle Barbin il y a quelques jours... Tenez il reste un morceau d'étiquette dessus...

– *Si vous ne l'avez pas déjà fait, vous demandez qui est le père Trochu*   ▷ 16 ▷ 29
– *Vous avez déjà posé la question. Allez*   ▷ 29

---

29   ADJ. SAVARY : Elle aime bien les liqueurs Mlle Barbin ?
       THÉRÈSE : Pas du tout, elle est très rangée, un peu stricte même ; juste un petit verre de gentiane ou de vin de noix et seulement quand elle a de la visite...

Continuez ▷ 31

---

30   *Notes de l'adjudant :*

       Mlle Geneviève Barbin, célibataire, quarante-trois ans, institutrice à Visson depuis dix ans, loge au chalet de Thérèse Martinet qui lui a loué le rez-de-chaussée.

Retournez ▷ 18

---

31   ADJ. SAVARY : Reparlez-moi d'Eusèbe. Il avait des ennemis ?
       THÉRÈSE : Pas vraiment, mais les gens sont durs ici ; il était souvent battu... ou alors on le faisait boire... on en a fait un ivrogne...

Continuez ▷ 32

---

32   ADJ. SAVARY : Un ivrogne ?
       THÉRÈSE : Oui, un alcoolique précoce ; la bouteille ou le bâton, c'est comme ça qu'il était traité ; lui, le pauvre, c'était un innocent : il chapardait un peu, parlait trop, mais nous l'aimions bien pourtant, Mlle Barbin et moi.

Continuez ▷ 33

Adj. Savary : Il parlait trop ? 33

Thérèse : Oui, comme un enfant, il racontait tout ce qu'il voyait ; pour ça aussi les gens le battaient. Il n'y avait que les gens des chalets qui étaient gentils avec lui...

Continuez ▷ 34

Adj. Savary : Hier soir, vous avez vu ou entendu quelque 34
chose ?

Thérèse : Non, hier j'étais un peu fatiguée. Je me suis couchée tôt ; j'ai écouté un peu de musique et j'ai dû m'endormir vers neuf heures et demie.

Continuez ▷ 35

Adj. Savary : Et Mlle Barbin ? 35

Thérèse : Je ne sais pas ; je lui ai dit bonsoir vers huit heures ; j'avais fermé la porte de l'escalier intérieur pour que son chat ne rentre pas : j'ai un peu d'asthme et il laisse des poils partout. Geneviève avait allumé la télévision il me semble. Non, je n'ai rien vu ni rien entendu d'anormal.

Continuez ▷ 36

Adj. Savary : Pour le principe, mademoiselle, avez-vous 36
du poison ?

Thérèse : Du poison, vous savez, tout le monde en a ici ; moi, j'ai certaines drogues, pour des urgences, mais M. Leplat et le Dr Lepic aussi, sans compter les paysans qui ont de la mort aux rats et des pesticides, ou encore Pilar, la bohémienne.

Adj. Savary : Pilar ?

Continuez ▷ 37

Notes de l'adjudant : 37

On ne sait pas d'où vient Pilar ; les gens l'appellent la gitane ou la bohémienne ; elle s'est installée il y a six ans dans une vieille cabane de bûcherons, au bord du chemin, dans la sapinière.

→

Elle doit avoir trente-cinq ans ; on ne sait pas trop comment elle vit ; elle cueille des herbes, va de temps en temps à Briançon ou à Barcelonnette mendier ou dire la bonne aventure.

> — *Vous vous faites montrer sur le plan*
> *où est la cabane de Pilar* ▷ 26 ▷ 38

---

38 ADJ. SAVARY : Vous la connaissez ?
THÉRÈSE : Pas tellement ; les rapports sont plutôt mauvais ; quand elle passe devant les chalets, elle grommelle comme si elle jetait des sorts. Il faut dire qu'avec le Dr Lepic et Mlle Barbin, on essaie d'empêcher les gens du pays d'aller lui demander des philtres ou des remèdes qui leur font plus de mal que de bien. Alors elle nous en veut, c'est naturel.

> — *Qui est le Dr Lepic ?* ▷ 20 ▷ 39
> — *Qui est Mlle Barbin ?* ▷ 30 ▷ 39
> — *Si vous le savez, allez directement* ▷ 39

---

39 ADJ. SAVARY : Des philtres, des remèdes avec des herbes, peut-être aussi avec des champignons ?
THÉRÈSE : Avec des herbes, des mousses, des pattes d'araignées, tout le livre de recettes des sorcières, si vous voulez, avec des champignons aussi bien sûr.

> *Continuez* ▷ 40

---

40 MATHIEU : Chef, M. Leplat vient de revenir de Visson avec Mlle Barbin, voulez-vous les interroger ?
ADJ. SAVARY : Bien sûr.
MATHIEU : Le Dr Lepic fait dire aussi qu'on peut lui parler.
ADJ. SAVARY : C'est bon, on va le voir ; j'aimerais aussi poser quelques questions à la bohémienne.
MATHIEU : Par qui on commence alors ?

> — *Vous allez voir Leplat* ▷ 41
> — *Vous allez voir Lepic* ▷ 42
> — *Vous allez voir Mlle Barbin* ▷ 43
> — *Vous allez voir Pilar* ▷ 44

---

41 Leplat confirme les informations de la fiche 19.

> *Lisez ou relisez* ▷ 19 ▷ 45

Le Dr Lepic confirme les informations de la fiche 20.   **42**

Lisez ou relisez ▷ *20* ▷ *56*

Mlle Barbin confirme les informations de la fiche 30.   **43**

Lisez ou relisez ▷ *30* ▷ *72*

Pilar n'est pas là.   **44**

– *Allez voir Leplat* ▷ *41*
– *Allez voir Lepic* ▷ *42*
– *ou G. Barbin* ▷ *43*

Si vous les avez interrogés tous les trois, allez ▷ *87*

ADJ. SAVARY : Vous n'êtes pas de la région, monsieur   **45**
   Leplat ?

LEPLAT : Non, je suis né à Rouen. J'ai fait mes études à
   l'École vétérinaire de Maisons-Alfort. Mais je connais
   bien les gens de la vallée ; ça fait plus de dix ans que
   je me suis installé ici.

Continuez ▷ *46*

ADJ. SAVARY : C'est vous qui nous avez appelés ce matin ?   **46**

LEPLAT : Oui.

ADJ. SAVARY : Racontez-nous ce qui s'est passé.

LEPLAT : Ce matin, j'ai entendu Mlle Martinet crier dans
   son jardin. J'ai accouru. J'ai reconnu dans la cabane
   Eusèbe, le garçon de ferme des Trochu ; il était mort,
   il n'y avait plus rien à faire ; on a appelé aussi le
   Dr Lepic, l'autre voisin des demoiselles, et moi je vous
   ai téléphoné ; ensuite je suis allé chercher Mlle Barbin
   à Visson.

– *Qui sont les Trochu ?* ▷ *16* ▷ *47*
– *Qui est le Dr Lepic ?* ▷ *20* ▷ *47*
– *Qui est Mlle Barbin ?* ▷ *30* ▷ *47*
– *Si vous le savez* ▷ *47*

ADJ. SAVARY : Vous avez appelé de chez vous ?   **47**

LEPLAT : Oui, le téléphone de Mlle Martinet est en
   dérangement.

→

Adj. Savary : C'est curieux, vous ne nous avez appelés qu'à neuf heures et demie... pourquoi donc ?
Leplat : Je ne sais pas, dans l'affolement vous savez...

Continuez ▷ 48

---

48   Adj. Savary : Quand vous nous avez appelés, vous n'avez pas parlé de la bouteille de poison...
Leplat : Je n'y ai pas pensé. Et puis il faut attendre les analyses avant d'ameuter tout le monde.

Continuez ▷ 49

---

49   Adj. Savary : Vous connaissez la victime ?
Leplat : Oui, un pauvre garçon, handicapé mental léger. C'est moi, avec Mme Carreau de la mairie, qui me suis occupé de le placer chez les Trochu, il y a dix ans.

– *Vous voulez savoir qui est Mme Carreau* ▷ 50
– *Vous continuez* ▷ 51

---

50   *Notes de l'adjudant :*

Mme Suzanne Carreau, veuve, la cinquantaine, secrétaire de la mairie de Visson. La mairie a reçu il y a dix ans une donation pour placer Eusèbe dans une famille de la commune. Mme Carreau s'en est occupée avec M. Leplat. Elle habite le chalet voisin du Dr Lepic.

– *Vous regardez sur le plan où se trouve*
la maison de Mme Carreau   ▷ 26 ▷ 51
– *Vous continuez*   ▷ 51

---

51   *Comment était Eusèbe ?*

À cette question, Leplat répond comme Mlle Martinet.

– *Allez*   ▷ 31 ▷ 32 ▷ 33 ▷ 52
– *Continuez*   ▷ 52

---

52   *Qui a du poison à La Voulte ?*

À cette question, Leplat fait la même réponse que Thérèse Martinet : à peu près tout le monde.

– *Allez*   ▷ 36 ▷ 53
– *Continuez*   ▷ 53

ADJ. SAVARY : Qu'avez-vous fait ou remarqué hier soir ?   53
LEPLAT : Rien d'anormal, je suis rentré tard. J'avais été
   appelé dans une ferme à dix kilomètres d'ici pour une
   vache qui n'arrivait pas à vêler. Je suis rentré vers
   onze heures du soir, tout était éteint à La Voulte.

> — *Vous faites vérifier*   ▷ 54 ▷ 55
> — *Vous allez directement*   ▷ 55

Vous demandez au gendarme Mathieu de vérifier. Il va   54
s'en occuper, mais vous n'aurez le résultat que plus tard.

> — *Si vous ne les avez pas interrogés,*   55
>   *vous allez voir le Dr Lepic*   ▷ 42
>   *vous allez voir Mlle Barbin*   ▷ 43
>   *vous allez voir Pilar*   ▷ 44
> — *Vous allez directement*   ▷ 87

ADJ. SAVARY : Vous êtes une des personnes qui ont   56
   découvert le corps ce matin ?
DR LEPIC : Pas tout à fait, c'est Thérèse qui l'a trouvé ;
   elle a appelé Leplat qui est venu me chercher.
ADJ. SAVARY : À quelle heure ?
DR LEPIC : Huit heures cinq, huit heures dix, j'écoutais
   les informations.

> — *Qui est Leplat ?* ▷ 19 ▷ 57
> — *Continuez*   ▷ 57

ADJ. SAVARY : Vous connaissiez la victime ?   57
DR LEPIC : Bien sûr, le valet de ferme des Trochu, handicapé
   mental léger, pas idiot mais un peu simple.

> — *Qui sont les Trochu ?* ▷ 16 ▷ 58
> — *Continuez*   ▷ 58

ADJ. SAVARY : Vous connaissiez ses origines ?   58
DR LEPIC : Ma foi non ; il a été placé chez les Trochu il
   y a dix ans ; demandez à Mme Carreau, elle travaille
   à la mairie ; Leplat s'est intéressé à lui autrefois.

> — *Qui est Mme Carreau ?* ▷ 50 ▷ 59
> — *Continuez*   ▷ 59

59   *Que pouvez-vous dire d'autre sur la victime ?*

À cette question, le Dr Lepic vous donne les mêmes informations que Thérèse Martinet.

    – *Allez*   ▷ *31* ▷ *32* ▷ *33* ▷ *60*
    – *Continuez*   ▷ *60*

---

60   ADJ. SAVARY : Rien d'autre sur Eusèbe ?
DR LEPIC : Non, c'est un garçon qui n'a pas eu de chance. Si pourtant, une fois il y a trois ans, c'était l'hiver où il a tellement neigé ; La Voulte était isolé. Voilà qu'il me fait une péritonite ; impossible de l'évacuer ; c'est moi qui l'ai opéré ; heureusement que j'ai fait un peu de chirurgie.
En plus, il a un groupe sanguin rare. Par chance, on a trouvé quelqu'un qui avait le même ; on a pu le sauver.

Continuez ▷ *61*

---

61   ADJ. SAVARY : Comment était le corps ce matin ?
DR LEPIC : Pas beau à voir ; il avait vomi partout, mais avec ce qu'il y avait dans la bouteille, il a dû mourir très vite : un concentré de muscarine à tuer un régiment. C'est pour ça qu'on a dit à Leplat de vous prévenir.

Continuez ▷ *62*

---

62   ADJ. SAVARY : De la muscarine ?
DR LEPIC : Un poison violent, un alcaloïde extrait de l'amanite tue-mouches, la fausse orange qu'on trouve sous les sapins.
ADJ. SAVARY : Vous en êtes sûr ?
DR LEPIC : Sûr et certain, pas besoin d'être médecin légiste. Enfin les analyses et l'autopsie vous le diront. D'ailleurs, j'ai fait un stage de médecine légale autrefois ; c'est comme ça que j'ai pu indiquer l'heure de la mort, entre dix heures et minuit hier soir. Je suis sûr que je ne me suis pas trompé.

C'est vrai, pensez à l'autopsie et aux analyses ▷ *63*

On ne fait pas une autopsie ni des analyses en cinq 63
minutes.
Attendez les résultats.

Continuez ▷ *64*

ADJ. SAVARY : Et la bouteille, vous l'avez déjà vue ? 64
DR LEPIC : Pas la moindre idée ; c'est dans des bouteilles
comme ça que les paysans d'ici mettent le marc ou
la gentiane.
Mais tenez, à propos, vous savez ce que j'ai trouvé
dans mon jardin tout à l'heure ?

Continuez ▷ *66*

Notes de l'adjudant : 65

Angelo Cerutti, vingt-huit ans, est un Italien du Piémont ;
le père Trochu l'a engagé il y a cinq ans, d'abord comme
bûcheron saisonnier, puis comme ouvrier agricole per-
manent.
Trochu voudrait lui laisser la ferme en métayage pour
devenir gardien-chef du nouveau parc régional de la
Sermoise.

Vous voulez en savoir plus sur le parc régional ▷ *78*

DR LEPIC : Une bouteille de gentiane à moitié pleine ; et 66
regardez l'étiquette : c'est une bouteille du père Trochu ;
presque la même que celle de la cabane sauf qu'elle
était en verre vert alors que celle-ci est en verre brun
et qu'elle n'a pas l'air empoisonnée.
ADJ. SAVARY : Pouvez-vous me montrer l'endroit où vous
l'avez trouvée ?

– *Vous êtes intéressé par les empreintes* ▷ *62* ▷ *67*
– *Vous continuez* ▷ *67*

DR LEPIC : Voilà, c'est ici, juste à côté de la haie ; derrière 67
il y a le chemin, et en face le jardin des demoiselles.
ADJ. SAVARY : Au fait, ce chemin où mène-t-il ?

– *Vous regardez le plan de La Voulte* ▷ *26* ▷ *68*
– *Vous continuez* ▷ *68*

68   Dr Lepic : Ce chemin monte dans la montagne, jusqu'à la frontière italienne.

Mais personne ne s'en sert à part les bûcherons... et autrefois les contrebandiers ; et puis bien sûr le père Trochu qui a des prés plus haut ; et Pilar la gitane qui habite une cabane dans la sapinière à cent mètres d'ici.

– Qui est Trochu ? ▷ 16 ▷ 69
– Qui est Pilar ? ▷ 37 ▷ 69
– Vous continuez ▷ 69

---

69   *Docteur, qui a du poison... ?*

À cette question, le Dr Lepic fait la même réponse que Thérèse Martinet.

– Allez ▷ 36 ▷ 70
– Continuez ▷ 70

---

70   Adj. Savary : Une dernière question, docteur.

Hier, dans la soirée, vous avez vu ou entendu quelque chose ?

Dr Lepic : Non, rien de particulier ; vers huit heures, j'ai vu passer le père Trochu ; je ne sais pas où il allait ; ensuite j'ai lu et écouté des disques.

Ah oui, vers dix heures et demie, en allant me coucher, il m'a semblé entendre des éclats de voix ; ça venait du chemin.

– Continuez ▷ 71

71
– Vous allez voir M. Leplat ▷ 41
– Vous allez voir Mlle Barbin ▷ 43
– Vous allez voir Pilar ▷ 44

Si vous les avez déjà interrogés, allez ▷ 87

---

72   Adj. Savary : Vous avez appris la nouvelle ?

Mlle Barbin : Oui, monsieur, c'est horrible, le pauvre garçon !

Adj. Savary : Ce matin, vous ne vous êtes aperçue de rien ?

Mlle Barbin : Non. Comme d'habitude, j'ai pris le car de sept heures et demie pour Visson. C'est M. Leplat qui est venu me chercher et qui m'a raconté.

Adj. Savary : Vous connaissiez la victime ?

Mlle Barbin : Bien sûr, tout le monde connaissait Eusèbe à La Voulte.

Continuez ▷ 73

Avait-il des ennemis ?   **73**

Geneviève fait la même réponse que Thérèse.

– *Allez*   ▷ 31 ▷ 32 ▷ 33 ▷ 74
– *Continuez*   ▷ 74

Adj. Savary : Et vous avec Eusèbe ?   **74**

Mlle Barbin : Je l'aimais bien. Quand il était malheureux, il venait me voir. Je le soignais, je lui parlais gentiment ; j'essayais surtout de lui dire de ne pas boire et de ne pas raconter à tout le monde ce qu'il voyait.

Il avait l'air d'un adulte mais c'était un pauvre enfant.

Continuez ▷ 75

Adj. Savary : Vous dites qu'on le battait. Qui ?   **75**

Mlle Barbin : Tout le monde, les Trochu d'abord et surtout cette brute d'Angelo, l'ouvrier des Trochu...

Adj. Savary : Vous savez pourquoi ?

Mlle Barbin : Je ne sais pas ; peut-être parce qu'Eusèbe avait repéré ses trafics...

– *Qui est Angelo ?* ▷ 65 ▷ 76
– *Continuez*   ▷ 76

Adj. Savary : Quels trafics ?   **76**

Mlle Barbin : Tout le monde le sait. Angelo est un mauvais garçon ; un rude travailleur peut-être, mais un bandit : contrebande, braconnage..., avec son ami Michel, le jeune qui a la scierie en face.

– *Qui sont les Trochu ?* ▷ 16 ▷ 79
– *Qui est Michel ?*   ▷ 77 ▷ 79
– *Où est la scierie ?*   ▷ 26 ▷ 79
– *Continuez*   ▷ 79

77 *Notes de l'adjudant :*

Michel Tréfel, trente ans, un jeune exploitant forestier qui a une scierie en face du chalet de Mlle Barbin, à côté de la ferme des Trochu. Sort souvent avec Angelo. Mlle Barbin déclare qu'il est plus sérieux qu'Angelo mais que ce dernier a une mauvais influence sur Michel.

Continuez ▷ 79

---

78 *Notes de l'adjudant :*

Toute la vallée et l'est de la montagne (massif de la Sermoise), le long de la frontière italienne, vont devenir un parc régional avec une réserve naturelle pour la flore et la faune, en particulier pour les chamois. M. Leplat en sera directeur ; Trochu voudrait devenir gardien-chef.

– *Si vous interrogez Mlle Barbin, retournez* ▷ 76
– *Si vous interrogez Mme Carreau, allez* ▷ 109

---

79 Adj. Savary : Qu'avez-vous fait hier soir, mademoiselle ?

Mlle Barbin : Je suis rentrée vers quatre heures de l'après-midi. J'ai fait un peu de jardinage et j'ai corrigé des cahiers. Vers huit heures, j'ai dit bonsoir à Thérèse et j'ai mis la télévision. Je me suis couchée vers dix heures et demie.

Adj. Savary : Vous n'avez pas vu Eusèbe ?

Mlle Barbin : Hélas non, ce malheur ne serait peut-être pas arrivé !

Continuez ▷ 80

---

80 Adj. Savary : Quels sont vos rapports avec Mlle Martinet ?

Mlle Barbin : Excellents, mais nous sommes assez indépendantes l'une et l'autre. Ça fait dix ans que j'habite chez elle, elle m'a loué le rez-de-chaussée ; elle a gardé pour elle les chambres d'en haut. Nous avons chacune notre entrée, moi par le jardin, elle par l'escalier qui donne sur la route ; il y a un escalier intérieur mais en général nous fermons la porte à cause de Ronron.

– *Vous regardez le croquis des lieux* ▷ 81 ▷ 83
– *Qui est Ronron ?* ▷ 82
– *Vous continuez* ▷ 83

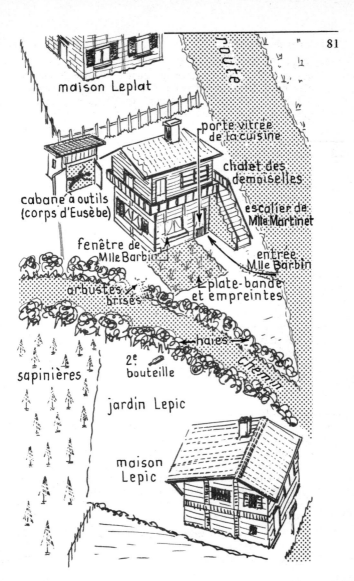

maison Leplat

route

porte vitrée de la cuisine

chalet des demoiselles

cabane à outils (corps d'Eusèbe)

escalier de Mlle Martinet

fenêtre de Mlle Barbin

entrée Mlle Barbin

arbustes brisés

plate-bande et empreintes

haies

sapinières

2e bouteille

chemin

jardin Lepic

maison Lepic

82   ADJ. SAVARY : Ronron ?

MLLE BARBIN : C'est mon chat. Regardez comme il est beau !
Ce sont les enfants de l'école qui me l'ont donné quand il était petit ; comme il était entièrement roux, ils l'avaient appelé Potiron ; j'ai trouvé que Ronron c'était plus gentil ; maintenant c'est un gros matou, il tient tête aux chiens des Trochu ; l'ennui c'est qu'il perd ses poils, il y en a partout.

ADJ. SAVARY : Mlle Martinet n'aime pas les chats ?

MLLE BARBIN : Elle dit que ça lui donne de l'asthme.

Continuez ▷ *83*

---

83   ADJ. SAVARY : Vous savez qu'Eusèbe est probablement empoisonné ; vous avez déjà vu cette bouteille ?

MLLE BARBIN : Mon Dieu non ; mais attendez, j'ai une bouteille de gentiane presque pareille que j'avais mise sur le rebord de la fenêtre de la cuisine ; mais... *elle n'y est plus* !

ADJ. SAVARY : Vous ne pouviez pas le dire plus tôt ?

MLLE BARBIN : Je viens de m'en apercevoir... Mais elle n'était pas empoisonnée, j'en ai bu hier soir...

Continuez ▷ *84*

---

84   ADJ. SAVARY : Ah oui, ça vous arrive souvent ?

MLLE BARBIN : Je me sentais fatiguée, la gentiane est un remontant...

ADJ. SAVARY : Et d'où venait-elle cette bouteille ?

MLLE BARBIN : C'est M. Trochu qui me l'avait donnée.

ADJ. SAVARY : Ah oui ? Vous êtes donc en bons termes avec M. Trochu.

MLLE BARBIN : Trochu, au fond, n'est pas un mauvais homme ; c'est sa femme qui est méchante !

Continuez ▷ *85*

---

85   ADJ. SAVARY : Comment était votre bouteille de gentiane ?

MLLE BARBIN : Presque pareille, je vous l'ai dit ; mais celle-ci est en verre vert et sale ; la mienne était propre, en verre brun, avec une étiquette.

ADJ. SAVARY : Vous vous souvenez de ce qu'il y avait sur l'étiquette ?

MLLE BARBIN : Le nom de Trochu, je crois, écrit à la main et peut-être « gentiane » avec l'année.

ADJ. SAVARY : Trochu - gentiane - 1984 ?

MLLE BARBIN : Ou 83, c'est ça.

Continuez ▷ 86

– *Vous allez voir M. Leplat* ▷ 41   **86**
– *Vous allez voir le Dr Lepic* ▷ 42
– *Vous allez voir Pilar* ▷ 44

Si c'est déjà fait, continuez ▷ 87

ADJ. SAVARY : Pas simple cette histoire, qu'en dites-vous **87** Mathieu ?

MATHIEU : Ça peut être un accident, un suicide ou un crime.

ADJ. SAVARY : Qu'est-ce que vous en pensez ?

– *Si vous pensez que c'est un accident* ▷ 88
– *Si vous pensez que c'est un suicide* ▷ 89
– *Si vous pensez que c'est un crime* ▷ 90

MATHIEU : Moi, je crois que c'est un accident : Eusèbe était **88** ivrogne et chapardait ; il a dû trouver une bouteille de poison et aller la boire dans un coin ; c'est pas plus compliqué que ça...

ADJ. SAVARY : C'est possible en effet ; mais quand même il y a ce poison, qui ne court pas les rues, donc une intention criminelle...

Continuez ▷ 90

MATHIEU : C'est peut-être un suicide ; Eusèbe était maltraité, **89** on le battait ; il s'est suicidé en avalant cette cochonnerie.

ADJ. SAVARY : Oui... Je ne suis pas convaincu ; voyez-vous Mathieu, les simples d'esprit se suicident rarement ; sur ce plan-là, ils sont plus sains que nous...

Continuez ▷ 90

90 Adj. Savary : Ce n'est ni un accident, ni un suicide ; regardez ce qu'on a laissé sur le pare-brise de notre voiture.

Mathieu : Une lettre anonyme !

Adj. Savary : Un billet qui dit simplement : *Eusèbe a été assassiné.*

Mathieu : Alors, on continue l'enquête, chef ?

Adj. Savary : Bien sûr !

Continuez ▷ 91

---

91 Mathieu : On a l'impression que les gens ne disent pas toute la vérité.

Adj. Savary : Il y en a même qui mentent.

Mathieu : Il y a aussi cette histoire de bouteilles.

Adj. Savary : Je crois qu'il faut aller voir les Trochu.

Mathieu : La gitane aussi, ça a l'air d'une drôle celle-là !

Adj. Savary : Et bousculer un peu Angelo.

Mathieu : Sans oublier le nommé Michel.

Adj. Savary : Ni Mme Carreau, elle peut nous en dire plus sur Eusèbe.

Continuez ▷ 92

---

92 Mathieu : Par qui on commence ?

Adj. Savary : Commençons par Trochu ou la secrétaire de la mairie : on en apprendra peut-être plus sur Eusèbe.

– *Vous allez voir Mme Carreau* ▷ 93
– *Vous allez voir le père Trochu* ▷ 94

---

93 Mme Carreau confirme les informations de la fiche 50.

Lisez ou relisez ▷ 50 ▷ 95

---

94 Le père Trochu confirme les informations de la fiche 16.

Lisez ou relisez ▷ 16 ▷ 114

---

95 Adj. Savary : Madame Carreau, vous travaillez à la mairie de Visson ?

Mme Carreau : Oui, monsieur, ça fait trente ans que je suis secrétaire de mairie ; j'en ai cinquante-cinq maintenant et je vais bientôt partir à la retraite ; c'est pour ça que j'ai acheté une petite maison à La Voulte avec un jardin.

Continuez ▷ 96

Vous connaissiez Eusèbe ? **96**

À cette question, Mme Carreau fait la même réponse que le Dr Lepic, fiche 57.

Relisez ▷ 57 ▷ 97

Adj. Savary : Mais vous devez en savoir plus sur ce **97** garçon : c'est vous qui l'avez placé chez les Trochu...
Mme Carreau : Placé, c'est beaucoup dire ; il y a dix ans, un don important a été fait à la mairie à condition qu'on trouve une famille pour accueillir un garçon arriéré.

Continuez ▷ 98

Adj. Savary : D'où venait cette demande ? **98**
Mme Carreau : D'une institution de Paris, l'orphelinat Saint-Vincent, mais l'enfant venait, je crois, de Normandie.
Adj. Savary : Avez-vous un acte de naissance d'Eusèbe ? Vous devez vous occuper de l'état civil à la mairie...

Continuez ▷ 99

Mme Carreau : Non, puisqu'il n'est pas né ici ; je crois **99** que c'était un orphelin ou un enfant né de père et de mère inconnus ; son vrai nom, c'est Jean-Pierre Dieudonné, mais c'est sûrement un nom d'orphelinat. Ici on appelle toujours l'idiot du village Eusèbe.

Continuez ▷ 100

Adj. Savary : Et la donation, d'où venait-elle ? **100**
Mme Carreau : Ça, je ne m'en souviens plus : de toute façon, c'était un don anonyme et confidentiel.

→

Adj. Savary : Mais madame Carreau, il est possible qu'Eusèbe ait été assassiné !

Mme Carreau : Eh bien dans ce cas-là, je le dirai au juge d'instruction, si ça me revient...

Adj. Savary : Vous pouvez quand même me dire pourquoi M. Leplat s'est occupé de cette affaire ?

Continuez ▷ 101

---

101 Mme Carreau : Il n'y a rien d'étonnant à ça ; c'était mon voisin, un homme bien aimable et qui avait beaucoup de contacts avec les paysans à cause de son métier de vétérinaire.

On n'a pas eu à chercher bien loin ; il a proposé aux Trochu de prendre l'enfant.

Continuez ▷ 102

---

102 Adj. Savary : Pourquoi les Trochu ? On dit qu'ils sont durs et brutaux.

Mme Carreau : On exagère ; comme tous les gens d'ici, les Trochu sont durs avec eux-mêmes et avec les autres, mais ils ont des qualités.

Continuez ▷ 103

---

103 Mme Carreau : Il y a dix ans, Trochu était un brave homme, honnête, dur à la tâche et courageux ; la mère Trochu était encore une belle femme, belle et même élégante, il fallait la voir bien habillée les jours de fêtes ; leur drame c'est qu'ils ne pouvaient pas avoir d'enfants. Et puis ils étaient de La Voulte ; M. Leplat et moi avons pensé qu'en plaçant Eusèbe chez eux, ce serait plus facile de voir comme ça se passait...

Continuez ▷ 104

---

104 Adj. Savary : Et ça ne s'est pas passé si bien que ça ?

Mme Carreau : C'est vrai, avec les années, Trochu est devenu taciturne et coléreux et sa femme pire encore ; en prenant de l'âge, elle est devenue laide et méchante et surtout folle de jalousie à l'égard de son mari qui est resté bel homme.

Continuez ▷ 105

MME CARREAU : En plus elle s'est mise à fréquenter la 105
gitane qui s'est installée dans le pays il y a six ans ;
on ne sait pas trop ce qu'elles manigancent quand
elles sont ensemble : c'est alors qu'ils se sont mis à
maltraiter Eusèbe.

Lisez ou relisez ▷ 37 ▷ 38 ▷ 39 ▷ 106

ADJ. SAVARY : Comment ça ? 106
MME CARREAU : D'abord sous prétexte qu'il ne travaillait
pas assez. C'est pourquoi ils ont pris une fille de
l'Assistance, Marie Lecœur, la Marie comme on l'appelle
ici, pour la ferme et les travaux domestiques, et un
ouvrier agricole italien, Angelo, pour les champs et le
travail en forêt ; un mauvais sujet, Angelo...

– *Vous voulez en savoir plus sur Angelo* ▷ 65 ▷ 108
– *Vous voulez en savoir plus*
  sur Marie Lecœur ▷ 107 ▷ 108
– *Vous continuez directement* ▷ 108

Notes de l'adjudant : 107

Marie Lecœur, dite la Marie, sans famille, placée à douze
ans chez les Trochu par l'Assistance publique ; a
maintenant dix-neuf ans ; restée chez les Trochu comme
bonne à tout faire.

MME CARREAU : Ils se sont mis progressivement à brutaliser 108
Eusèbe, surtout la mère Trochu : une gifle par-ci, un
coup de pied par-là, quand ça n'est pas la trique ou
le nerf de bœuf. On dit qu'ils ont commencé aussi à
faire boire Eusèbe, pour s'amuser, et le garçon est vite
devenu alcoolique... Vous vous rendez compte, alcoolique
à vingt ans !
Le père Trochu, lui, est devenu de plus en plus
renfermé : sa seule ambition, c'est de trouver un emploi
au parc régional.

– *Vous voulez en savoir plus*
  sur le parc régional ▷ 78 ▷ 109
– *Vous continuez* ▷ 109

109 Adj. Savary : Ah oui, j'ai entendu dire que M. Leplat va s'en occuper ?

Mme Carreau : C'est normal, avec l'expérience qu'il a. Le parc doit être ouvert l'année prochaine ; ce sera une des plus importantes réserves animalières de France. C'est presque sûr que M. Leplat sera nommé directeur. Mais le père Trochu veut aussi y être employé et je crois que M. Leplat n'est pas très chaud.

Adj. Savary : Ah oui, pourquoi ?

Continuez ▷ 110

---

110 Mme Carreau : C'est qu'il n'est pas tout jeune ; et puis on dit aussi que c'est un fameux braconnier, comme beaucoup ici : Angelo, Michel et les autres.

Alors mettre un braconnier comme garde forestier dans une réserve de chamois, M. Leplat n'est pas d'accord. Trochu le sait ; il est furieux et n'arrête pas de demander à tous les amis de M. Leplat, moi, le Dr Lepic, les demoiselles d'intervenir ; certains jours il grommelle des menaces...

– *Michel* ▷ 77 ▷ 111
– *Continuez* ▷ 111

---

111 Adj. Savary : Une dernière question. Vous n'avez rien remarqué hier soir ?

Mme Carreau : Hier, non ; en fermant mes volets, j'ai juste vu le père Trochu qui sortait ; il devait être un peu plus de huit heures. Ça fait quelque temps qu'il sort le soir...

– *Plan* ▷ 26 ▷ 112
– *Continuez* ▷ 112

---

112 Adj. Savary : Vous lui avez parlé ?

Mme Carreau : On s'est dit bonsoir. Il m'a dit qu'il avait oublié un outil dans le pâturage d'en haut. J'ai trouvé ça drôle qu'il me donne une explication, taciturne comme il est. Je me suis dit qu'il allait peut-être chez M. Leplat, toujours au sujet de l'emploi au parc régional. Ou alors il allait peut-être bien poser des collets dans la forêt.

ADJ. SAVARY : Merci beaucoup, madame Carreau, mais on reviendra vous voir ; dans une affaire d'empoisonnement, il n'y a rien de confidentiel qui tienne...

Continuez ▷ *113*

– *Si vous n'avez pas encore interrogé*   **113**
   le père Trochu, il est temps d'y aller ▷   *94*
– *Si vous l'avez déjà interrogé* ▷ *141*

ADJ. SAVARY : Dites-moi, monsieur Trochu, quand avez- **114** vous Eusèbe pour la dernière fois ?

TROCHU : Je crois bien que c'était hier soir au souper.

ADJ. SAVARY : Racontez-moi ce que vous avez fait dans la soirée.

TROCHU : Rien de spécial ; ah si, après la soupe, je suis ressorti pour monter au pâturage d'en haut, j'avais oublié un outil.

Continuez ▷ *115*

ADJ. SAVARY : C'est quoi le pâturage d'en haut ? **115**

TROCHU : Des prés au-dessus de la sapinière, en prenant le chemin à gauche de la route.

ADJ. SAVARY : C'est loin ?

TROCHU : Disons à quatre, cinq cents mètres.

ADJ. SAVARY : C'est pas bien loin !

TROCHU : Oui, mais ça monte.

– *Plan*   ▷ *26* ▷ *116*
– *Continuez*   ▷ *116*

ADJ. SAVARY : Et vous l'avez retrouvé votre outil ? **116**

TROCHU : Ben non : je l'avais laissé dans la grange.

ADJ. SAVARY : C'était quoi au juste ?

TROCHU : Eh ben... la manivelle du tracteur.

ADJ. SAVARY : Et vous ne l'auriez pas retrouvée le lendemain ?

TROCHU : Peut-être bien ; mais supposez qu'on me l'ait volée ; vous auriez fait une enquête ?

Continuez ▷ *117*

117 ADJ. SAVARY : Passons... Dites-moi, la soupe chez vous, c'est à quelle heure ?

TROCHU : À l'heure de la soupe tiens ! Disons vers sept heures, sept heures et demie : quand je suis sorti, il y avait le journal à la télé qui venait de commencer.

ADJ. SAVARY : Donc un peu après huit heures ?

TROCHU : Peut-être bien, oui.

ADJ. SAVARY : Vers quelle heure êtes-vous rentré ?

TROCHU : Peut-être bien deux heures plus tard.

Continuez ▷ *118*

---

118 ADJ. SAVARY : Vous en avez mis du temps ! Deux heures pour aller chercher un outil à quatre cents mètres !

TROCHU : Je vous ai dit que ça monte...

ADJ. SAVARY : Et vous n'avez rencontré personne en chemin ?

TROCHU : Juste en partant, Mme Carreau qui fermait ses volets : on s'est dit bonsoir.

ADJ. SAVARY : Mme Carreau, la dame qui travaille à la mairie ?

TROCHU : Oui, elle habite en face.

– *Mme Carreau* ▷ *50* ▷ *119*
– *Plan* ▷ *26* ▷ *119*
– *Continuez* ▷ *119*

---

119 ADJ. SAVARY : On m'a dit que sur le chemin il y a une cabane où habite une gitane ; vous ne l'avez pas vue ?

TROCHU : Ça, j'en sais rien ; de toute façon je lui parle jamais à la bohémienne ; d'ailleurs un jour, la cabane, je vais passer dessus avec mon tracteur !

ADJ. SAVARY : Attention, Trochu ! Il y a déjà eu un malheur et n'oubliez pas à qui vous parlez !

TROCHU : Je me gênerais ! La sapinière est à moi, la cabane aussi. C'est cette folle de mère Trochu qui lui a permis de s'installer là.

Continuez ▷ *120*

---

120 ADJ. SAVARY : Dites-moi, il y avait de la lumière dans la cabane ?

Trochu : J'ai pas tellement fait attention ; peut-être que oui, peut-être que non.
Adj. Savary : Il faisait nuit, vous l'avez forcément remarqué. Alors, c'est oui ou c'est non ?
Trochu : Il me semble que oui.

Continuez ▷ 121

Adj. Savary : Vous avez dit que vous êtes parti après la **121** soupe. Qui y avait-il au dîner ?
Trochu : Ben, tout le monde, la mère Trochu, Angelo, Eusèbe et puis la Marie ; ils étaient encore à table quand je suis parti.
Adj. Savary : La Marie ?
Trochu : Oui, une fille de l'Assistance ; on l'a recueillie, un peu comme Eusèbe, il y a cinq, six ans ; elle aide la mère Trochu à la ferme et aux travaux de ménage.
Adj. Savary : Tiens, il faudra qu'on l'interroge aussi...

– *La Marie* ▷ 107 ▷ 122
– *Continuez* ▷ 122

Adj. Savary : Continuons ; et quand vous êtes rentré ? **122**
Trochu : Tout était éteint, la mère Trochu était couchée, la Marie aussi. Angelo et Eusèbe étaient partis.
Adj. Savary : Ensemble ?
Trochu : Non ; à ce qu'on m'a dit, Angelo est parti tout de suite après moi, Eusèbe un peu plus tard.
Adj. Savary : Et Angelo, quand est-ce qu'il est rentré ?
Trochu : J'en sais rien ; au matin, je pense.
Adj. Savary : Vous savez où il est allé ?
Trochu : Ça, j'en sais rien non plus ; je suis pas son père !

Continuez ▷ 123

Adj. Savary : Et Eusèbe, vous le laissiez sortir le soir ? **123**
Trochu : De toute façon, Eusèbe, il couchait dans la grange, dans l'autre bâtiment ; il pouvait faire ce qu'il voulait.
Adj. Savary : Et il sortait souvent, la nuit tombée ?

Continuez ▷ 124

124 TROCHU : La nuit, le jour... Eusèbe, c'était comme un chat ;
il allait, il venait, il rôdait sans rien dire à la recherche
de quelque chose à chaparder.

Il pouvait aussi bien dormir dans la grange que dans
un fossé ou sur le tas de sciure à Michel, le voisin
qui a la scierie.

ADJ. SAVARY : Si bien que quand vous ne l'avez pas vu
ce matin, ça ne vous a pas étonné ?

TROCHU : Ma foi, non !

         – *Michel* ▷ 77 ▷ 125
         – *Continuez*   ▷ 125

---

125 ADJ. SAVARY : Et Angelo ?

TROCHU : Je vous l'ai dit, Angelo est rentré au matin.

ADJ. SAVARY : Et il ne vous a pas dit où il avait passé la
nuit ?

TROCHU : Je lui ai pas demandé ; du moment qu'il était
là pour l'ouvrage...

ADJ. SAVARY : Bon, et si on reparlait un peu d'Eusèbe
maintenant ?

TROCHU : Qu'est-ce que vous voulez que je vous dise
d'autre ?

             Continuez ▷ 126

---

126 ADJ. SAVARY : Qui était Eusèbe, d'où venait-il quand vous
l'avez pris chez vous ?

TROCHU : Eusèbe, c'était un enfant trouvé ou quelque chose
comme ça. C'est M. Leplat qui m'a proposé de le
prendre, il y a dix ans de ça, de la part de Mme Carreau
de la mairie. On n'avait pas d'enfant, alors on l'a pris,
par charité...

        – *Mme Carreau* ▷ 50 ▷ 127
        – *Continuez* . ▷ 127

---

127 ADJ. SAVARY : On ne vous a pas donné d'argent ?

TROCHU : Si, un peu, au début. C'est M. Leplat qui nous
donnait de l'argent de temps en temps, jusqu'à ce qu'il
soit en âge de travailler.

ADJ. SAVARY : Vous ne vous êtes jamais demandé qui était ce garçon ?

TROCHU : Non pourquoi ? Puisque la mairie était d'accord.

ADJ. SAVARY : On dit que vous le maltraitiez...

Continuez ▷ *128*

TROCHU : Qui est-ce qui vous a raconté ça ? **128**

ADJ. SAVARY : Il paraît qu'on le frappait, qu'on le faisait boire.

TROCHU : Alors là, faut pas confondre ! Faut que je vous dise qu'Eusèbe, en grandissant, c'est devenu un pas-grand-chose. Il travaille une heure ou deux et puis hop ! il fugue pour aller rôder et chaparder de quoi se saoûler ; et puis il a beau être idiot, il ne sait pas tenir sa langue ; alors c'est pas étonnant qu'il reçoive une correction de temps en temps ; c'est la seule chose qu'il comprenne.

Continuez ▷ *129*

ADJ. SAVARY : Vous l'avez battu hier ? **129**

TROCHU : Certainement pas, mais demandez quand même à la mère Trochu : elle a la main leste et elle est plus nerveuse que moi...

ADJ. SAVARY : Ah oui ? Comment ça ?

TROCHU : Depuis quelque temps, ça va pas la mère, elle devient mauvaise... avec tout le monde...

Continuez ▷ *130*

ADJ. SAVARY : Bon, on verra ça avec elle ; mais il y a **130** plus grave, vous savez peut-être qu'Eusèbe est mort en buvant du poison dans une bouteille à vous ?

TROCHU : Une bouteille à moi, ça m'étonnerait !

ADJ. SAVARY : On en a même trouvé deux, la verte avec laquelle s'est empoisonné Eusèbe et la brune, une bouteille de gentiane.

TROCHU : Montrez-les-moi.

ADJ. SAVARY : Les voilà, mais n'y touchez pas !

Continuez ▷ *131*

131 TROCHU : Des bouteilles comme ça, il y en a partout dans la vallée.

ADJ. SAVARY : Mais pas avec une étiquette à votre nom comme sur la bouteille brune.

TROCHU : Écoutez, brigadier (*),d'accord, la bouteille brune, je la reconnais, c'est une bouteille de gentiane que j'ai offerte à Mlle Barbin il y a pas trois jours...

ADJ. SAVARY : Et la bouteille verte ?

Continuez ▷ 132

---

132 TROCHU : La verte est pas à moi, je vous l'ai dit, il y a plein de gens qui en ont des comme ça.

ADJ. SAVARY : Sauf que ce qui reste de l'étiquette grattée ressemble étrangement à l'autre étiquette ; dites la vérité, Trochu, sinon je vous fais arrêter.

Continuez ▷ 133

---

133 TROCHU : Allez pas si vite brigadier ; oui, en regardant, c'est peut-être une de mes vieilles bouteilles à marc, du temps où j'en faisais ; mais j'en fais plus depuis quatre ans que j'ai eu une amende, et les bouteilles vertes je m'en sers plus depuis ce temps-là. Il doit y en avoir encore quelques-unes à la cave, mais je me sers plus que des bouteilles brunes pour la gentiane ou le vin de noix.

Continuez ▷ 134

---

134 ADJ. SAVARY : Où est-ce que vous dites que vous les gardez ces bouteilles ?

TROCHU : Dans le cellier de la cave.

ADJ. SAVARY : Et n'importe qui peut y aller ?

TROCHU : Pour sûr, non ! Surtout avec Eusèbe qui s'est mis à boire ; il y a que moi et la mère Trochu qui avons la clé.

(*) Un adjudant de gendarmerie s'appelait autrefois un brigadier et les gens ont gardé l'habitude de le nommer ainsi.

ADJ. SAVARY : Alors vous dites que les bouteilles vertes, vous ne vous en servez plus.
TROCHU : Pas depuis quatre ans, parole !

Continuez ▷ *135*

ADJ. SAVARY : Rappelez-moi, qui d'autre que vous habite **135** la ferme ?
TROCHU : Avec moi, il y a la mère Trochu, Angelo, la Marie, et puis il y avait Eusèbe.
ADJ. SAVARY : Marie, la fille de l'Assistance ?
TROCHU : C'est ça, Marie Lecœur elle s'appelle ; c'est comme qui dirait Eusèbe en fille, mais plus travailleuse et plus maligne.

– *Marie*   ▷ *107* ▷ *136*
– *Continuez*   ▷ *136*

ADJ. SAVARY : Marie s'entendait bien avec Eusèbe ?   **136**
TROCHU : La Marie, elle s'entend bien avec tout le monde, sauf avec la mère.
ADJ. SAVARY : Pourquoi ça ?
TROCHU : Pour rien, la mère elle est à moitié folle ; dès qu'une femme approche de la maison, elle s'imagine des choses...

Continuez ▷ *137*

ADJ. SAVARY : Reparlez-moi d'Angelo, il n'a pas très bonne **137** réputation !
TROCHU : Qui vous a dit ça ? Angelo est un bon gars, un vrai montagnard et un bûcheron comme on n'en fait plus, même s'il aime s'amuser comme les gens de son pays.
ADJ. SAVARY : Il est italien ?
TROCHU : Oui et alors ? C'est un Piémontais, du côté de Coni, de l'autre côté des monts ; mais c'est plus un pays à nous que certains Français qui viennent manger notre pain !
ADJ. SAVARY : De qui parlez-vous ?
TROCHU : Je sais ce que je dis.

Continuez ▷ *138*

138 Adj. Savary : N'empêche qu'Angelo est connu comme braconnier et même comme contrebandier, nous l'avons déjà arrêté deux ou trois fois pour ça.

Trochu : Entre nous, brigadier, quel est le gars du pays, chez les frontaliers, qui n'a jamais braconné ou fait un peu de contrebande ?

C'est peut-être pas permis, mais par chez nous, c'est ni un crime ni un déshonneur.

Adj. Savary : Question d'appréciation ; vous aussi on vous a repéré pour le braconnage ; on vous a même retiré votre permis. Et il paraît que, malgré tout, vous voudriez devenir garde forestier ?

Continuez ▷ *139*

---

139 Trochu : Ah vous savez ça aussi ? Eh bien oui, j'en ai assez de la ferme et de la mère Trochu. Je suis né ici, je connais bien la forêt et les bêtes sauvages. C'est une place pour moi, il n'y a pas de raison qu'on me la refuse. Angelo s'occupera de la ferme et je verrai plus du matin au soir la mauvaise figure de la mère Trochu !

Adj. Savary : Un braconnier garde forestier, c'est quand même le monde à l'envers, vous ne trouvez pas ?

Continuez ▷ *140*

---

140 Trochu : Pas du tout ; c'est pas parce qu'on tire un chamois une fois de temps en temps qu'on ne connaît pas la nature et qu'on ne sait pas la protéger.

Ceux qui massacrent le gibier, vous le savez aussi bien que moi, c'est les Lyonnais et les Grenoblois qui viennent ici en Range-Rover avec des fusils à lunette. La place elle est pour moi ; j'y ai droit et je l'aurai, et malavisé celui qui voudra me la prendre !

– *Vous interrogez Mme Carreau* ▷   93
– *Si c'est déjà fait, allez*   ▷ 141

---

141 Adj. Savary : Qu'est-ce que vous en dites, Mathieu, on avance un peu.

MATHIEU : Oui, mais ça se complique !

ADJ. SAVARY : Retors, le père Trochu !

MATHIEU : Pourtant il est pas antipathique...

ADJ. SAVARY : N'empêche qu'il nous raconte pas mal de blagues.

MATHIEU : Ça oui, son histoire de manivelle !

ADJ. SAVARY : Je trouve aussi qu'il charge trop la mère Trochu.

MATHIEU : La Marie pourra peut-être nous en dire plus !

ADJ. SAVARY : Enfin, il y a un point presque sûr, c'est que la bouteille verte venait de chez Trochu.

Continuez ▷ *142*

MATHIEU : Il ne faudra pas non plus oublier la bohémienne **142** et Angelo, un drôle de loustic celui-là !

ADJ. SAVARY : Il y a aussi cette histoire de place de garde forestier.

J'ai l'impression que Trochu en veut aux gens des chalets, mais à qui : à Mme Carreau, au Dr Lepic, à Leplat ou aux demoiselles ?

MATHIEU : Qu'est-ce qu'on fait, chef ?

ADJ. SAVARY : Ne perdons pas de temps, continuons notre enquête.

MATHIEU : On interroge qui maintenant ?

ADJ. SAVARY : La Marie ou la mère Trochu.

– *Marie* ▷ *143*
– *Mme Trochu* ▷ *144*

ADJ. SAVARY : Marie, Marie Lecœur n'est-ce pas ? Pupille **143** de l'Assistance, vous avez été placée il y a sept ans chez les Trochu, c'est bien ça ?

MARIE : Oui monsieur.

ADJ. SAVARY : Vous étiez là quand Eusèbe est parti hier soir.

Racontez ce qui s'est passé au souper.

MARIE : Ben j'ai servi la soupe un peu après sept heures, et à la fin du repas, vers les huit heures, les hommes sont tous partis les uns après les autres, d'abord le père Trochu, ensuite Angelo et puis Eusèbe.

Continuez ▷ *145*

144 ADJ. SAVARY : Madame Trochu, quand avez-vous vu Eusèbe pour la dernière fois ?

MME TROCHU : Hier au souper ; ensuite il est parti comme les autres.

ADJ. SAVARY : Les autres ?

MME TROCHU : D'abord Trochu qui est sorti deux bonnes heures, ensuite Angelo et puis Eusèbe.

ADJ. SAVARY : À quelle heure ?

MME TROCHU : Trochu a trouvé un prétexte pour se lever de table vers huit heures ; Angelo est parti un moment plus tard ; Eusèbe a filé quelques minutes après.

Continuez ▷ 159

---

145 ADJ. SAVARY : Si bien que vous êtes restée seule avec Mme Trochu...

MARIE : Pas bien longtemps : j'ai desservi et fini ma vaisselle ; je tenais pas tellement à rester avec elle, alors j'ai dit que j'avais mal à la tête et je suis montée me coucher.

ADJ. SAVARY : Et ensuite, vous n'avez rien remarqué de particulier ?

Continuez ▷ 146

---

146 MARIE : Je ne crois pas, sauf que la mère Trochu était nerveuse ; je l'ai entendue aller et venir, monter et descendre comme elle fait souvent quand elle est mauvaise... Je me suis dit que j'avais bien fait d'aller me coucher.

ADJ. SAVARY : C'est tout ?

Continuez ▷ 147

---

147 MARIE : Ah si..., plus tard j'ai entendu grincer la barrière ; j'ai regardé par la fenêtre ; j'ai vu la mère Trochu dans la cour. Elle m'a fait peur, je suis vite retournée me coucher. Ensuite, j'ai entendu rentrer le père Trochu et je me suis endormie.

ADJ. SAVARY : À quelle heure ?

MARIE : J'ai remonté mon réveil, c'était un peu après dix heures.

Continuez ▷ 148

ADJ. SAVARY : Vous dites que vous avez eu peur en **148**
regardant la mère Trochu dans la cour ; pourquoi ?

MARIE : Pour rien ; il y avait un peu de lune mais on
n'y voyait pas grand-chose ; alors la silhouette de la
vieille qui se dandinait dehors comme un fantôme, ça
m'a fait peur, c'est tout. Ils sont mauvais les Trochu,
surtout elle...

Continuez ▷ 149

ADJ. SAVARY : Racontez-moi ça. On peut peut-être vous **149**
aider... Ça fait combien de temps que vous êtes chez
les Trochu ?

MARIE : Sept ans ; j'en avais douze quand on m'a placée.
L'assistante qui m'accompagnait m'avait dit que c'était
des braves gens, à preuve qu'ils avaient déjà recueilli
Eusèbe. Au début, ça allait, mais ça a vite changé...

Continuez ▷ 150

MARIE : J'ai compris que c'était la Trochu qui avait voulu **150**
me prendre... pour rendre la pièce à Trochu qui avait
pris Eusèbe, et aussi pour avoir une bonne à tout
faire. Et puis un jour...

ADJ. SAVARY : Un jour ?

MARIE : J'avais quinze ans ; les garçons, Angelo surtout,
commençaient à me tourner autour ; ça a dû donner
des idées à Trochu ; il m'a prise de force dans la
grange ; et encore ça, c'est rien...

Continuez ▷ 151

ADJ. SAVARY : Continuez Marie. **151**

MARIE : Quelques semaines après, je me suis retrouvée
enceinte. Pour mon malheur, la Trochu qui me
surveillait s'en est aperçue aussi.

ADJ. SAVARY : Alors ?

MARIE : Alors ça a été affreux. La Trochu m'a enfermée
dans la cave, elle m'a battue, battue, jusqu'à ce que
j'avoue ce qui était arrivé ; alors elle est devenue folle,
elle m'a battue encore plus fort ; j'ai cru qu'elle allait
me tuer...

Continuez ▷ 152

152   ADJ. SAVARY : Et ensuite ?

MARIE : Elle m'a laissée enfermée toute une nuit ; le lendemain, elle est revenue, elle avait l'air toute doucereuse ; elle m'a donné une espèce de potion que lui avait préparée Pilar pour faire passer l'enfant et elle a dit qu'elle me pardonnait, que c'était la faute au père Trochu et qu'on n'en parlerait plus jamais...

ADJ. SAVARY : Continuez.

Continuez ▷ 153

---

153   MARIE : Mais moi, je me méfiais ; j'ai pas bu cette saleté. Heureusement pour moi : j'ai réussi à la jeter dans la pâtée du chien, il en a crevé le jour même ; mais la Trochu n'a pas su pourquoi, parce qu'avec les mauvais traitements et les coups que j'avais reçus, l'enfant est passé quand même dans la nuit suivante.

Continuez ▷ 154

---

154   ADJ. SAVARY : Vous vous souvenez de la potion ?

MARIE : Non, sauf que ça avait une mauvais odeur de champignons pourris.

ADJ. SAVARY : Dans quoi était la potion, dans une bouteille ?

MARIE : Je me souviens pas, non, elle m'a donné ça dans une tasse, je crois...

ADJ. SAVARY : Et vous n'avez pas cherché à vous sauver, à changer de place ?

MARIE : Où voulez-vous que j'aille ? Je sais rien faire moi, à part la vaisselle et donner à manger aux cochons, et puis...

Continuez ▷ 155

---

155   MARIE : Et puis après ça, on m'a laissée tranquille, même Trochu. La mère était plus gentille avec moi ; le mois suivant, elle a même commencé à me donner un petit salaire, en me redisant que tout était oublié et de ne parler de cette histoire à personne.

Et puis il y avait Eusèbe que j'aimais bien et Angelo qui était gentil avec moi alors qu'il pouvait pas supporter Eusèbe.

Continuez ▷ 156

ADJ. SAVARY : Ah oui, pourquoi donc ?

MARIE : Eusèbe était pas méchant, mais c'était comme un enfant, il racontait tout ce qu'il voyait.

Un jour on a arrêté Angelo au col du chemin de la montagne parce qu'Eusèbe l'avait déjà accompagné une fois et avait ensuite tout raconté au village devant des douaniers.

ADJ. SAVARY : Continuez, ça m'intéresse beaucoup.

Continuez ▷ *157*

MARIE : Angelo n'a pas eu de gros ennuis parce que c'étaient pas vraiment des marchandises de contrebande qu'il avait passées ce jour-là, juste des produits pour engraisser les veaux qu'on ne trouve pas en France et que lui avait demandés le père Trochu. Angelo a donné une fameuse correction à Eusèbe, mais ça ne servait à rien, il ne savait pas tenir sa langue ; c'est comme la semaine dernière...

ADJ. SAVARY : Dites !

Continuez ▷ *158*

MARIE : C'est encore lui, le pauvre innocent, qui a raconté à Mme Trochu que son mari voulait quitter la ferme pour aller travailler au parc de la Sermoise...

ADJ. SAVARY : Comment a-t-elle réagi ?

MARIE : Si vous aviez entendu la scène qu'elle a fait à Trochu ! Bien sûr, Eusèbe a eu droit à une raclée...

– *Allez interroger Mme Trochu* ▷ *144*
– *Si c'est déjà fait* ▷ *173*

ADJ. SAVARY : Vous êtes restée seule à la ferme ?

MME TROCHU : Oui, avec la Marie ; elle a fini sa vaisselle et elle est montée se coucher ; moi j'ai fait un peu de rangement et j'en ai fait autant.

ADJ. SAVARY : Vous n'êtes donc pas sortie ?

MME TROCHU : Non. Je suis juste allée donner de l'herbe aux lapins et vider les restes du souper dans la mangeoire aux cochons.

Continuez ▷ *160*

160 ADJ. SAVARY : M. Trochu vous a dit où il allait ?

MME TROCHU : Il a donné un vague prétexte que j'ai même pas écouté.

ADJ. SAVARY : Tiens, pourquoi donc ?

MME TROCHU : Ça fait longtemps que j'écoute plus les mensonges de Trochu quand il va voir des femmes. En plus, il avait enlevé ses bottes pour mettre des souliers : faut pas me prendre pour une imbécile !

ADJ. SAVARY : Vous soupçonnez votre mari d'avoir une maîtresse ?

Continuez ▷ 161

---

161 MME TROCHU : Pas une, toutes, la Carreau, la Thérèse, la Barbin.

Trochu c'est un bouc ! Même avec la Marie, tenez...

ADJ. SAVARY : La petite de l'Assistance !

Continuez ▷ 162

---

162 MME TROCHU : Parfaitement ; dès qu'elle a commencé à avoir des formes, il lui a tourné autour ; il l'a même mise enceinte ; heureusement que Pilar lui a donné une potion pour faire passer la mauvaise graine !

ADJ. SAVARY : Elle avait quel âge ?

MME TROCHU : Quatorze, quinze ans, mais il n'y a pas d'âge pour le vice ; la Marie c'est une traînée !

Continuez ▷ 163

---

163 ADJ. SAVARY : Vous savez que c'est grave ce que vous dites ? Trochu pourrait avoir des ennuis...

MME TROCHU : Qu'il ait tous les ennuis qu'il mérite, c'est un cochon et un voleur ; peut-être même un assassin, qui sait ?

ADJ. SAVARY : Un voleur ?

Continuez ▷ 164

---

164 MME TROCHU : Parce que vous croyez que c'est avec son bien qu'il va faire des cadeaux aux femmes ? Tout est à moi ici ; je suis née Claude Bouchard : la ferme, les pâturages, les sapinières, tout était à mon père.

Trochu est malin, il m'a épousée pour avoir tout ça.
Quand je pense que j'étais un des plus beaux partis
de la vallée !

Et maintenant, il mijote de me laisser seule ici, avec
cette canaille d'Angelo, pour aller se parader au parc
régional.

Mais j'ai pas dit mon dernier mot !

Continuez ▷ 165

ADJ. SAVARY : Calmez-vous, madame Trochu ; j'aimerais **165**
que vous me parliez d'Eusèbe.

MME TROCHU : Je vais vous dire ; je sais qu'Eusèbe est
mort, mais il faut que vous sachiez : quand Trochu a
ramené ça chez moi, sous prétexte qu'on n'avait pas
d'enfants, j'ai pas été dupe un seul instant : j'ai tout
de suite pensé à un coup monté entre lui, la Carreau
et Leplat.

ADJ. SAVARY : Ah oui, pourquoi donc ? Eusèbe était un
enfant trouvé, si j'ai bien compris, de père et de mère
inconnus...

Continuez ▷ 166

MME TROCHU : « Mère inconnue », laissez-moi rire ; ils ont **166**
des mots pour ça dans les mairies ; moi je dirais plutôt
« enfant de putain » oui ; ça m'a pas étonnée qu'il se
mette à boire...

ADJ. SAVARY : Quand est-ce qu'il a commencé ?

MME TROCHU : Très jeune ; un jour, à la fête du village,
Angelo et ses copains l'ont saoûlé, pour rire. Il y a
pris goût et a continué tout seul.

Continuez ▷ 167

ADJ. SAVARY : C'est pour ça que vous fermez la cave à **167**
clé ?

MME TROCHU : Pour sûr ; vous voyez qu'on peut pas dire
que c'est nous qui le faisions boire !

ADJ. SAVARY : À propos, je vais vous demander de regarder
ces deux bouteilles, les reconnaissez-vous ?

Continuez ▷ 168

168 Mme Trochu : Ma foi, on dirait bien que c'est des bouteilles de chez nous... Enfin, des bouteilles à Trochu.

Adj. Savary : Toutes les deux ?

Mme Trochu : Je crois bien que oui, elles sont pareilles, sauf qu'il y en a une avec une étiquette.

C'est dans des bouteilles comme ça que Trochu faisait son marc.

Maintenant il fait plus que de la gentiane et du vin de noix.

Continuez ▷ *169*

---

169 Adj. Savary : Vous saviez qu'il avait offert une bouteille de gentiane à l'institutrice ?

Mme Trochu : Qu'est-ce que je vous disais, Trochu est un bouc !

Adj. Savary : Ça, vous l'avez déjà dit ; parlez-moi plutôt de Pilar.

Continuez ▷ *170*

---

170 Mme Trochu : La bohémienne ?

Adj. Savary : Oui, comment se fait-il que Trochu l'ait laissé s'installer dans la sapinière ?

Mme Trochu : C'est moi qui lui ai permis : sa roulotte avait flambé.

Alors elle est venue me voir. Il y a une vieille cabane de bûcherons qui sert plus à rien au bord du chemin de la montagne. Je lui ai dit qu'elle pouvait y mettre ses guenilles.

Continuez ▷ *171*

---

171 Adj. Savary : C'est curieux, vous n'avez pourtant pas l'air d'aimer beaucoup les étrangers !

Mme Trochu : La Pilar, c'est pas pareil.

Elle me rend service, des fois, et puis elle sait des choses...

Adj. Savary : Ah oui, lesquelles ?

Continuez ▷ *172*

Mme Trochu : Des choses d'autrefois, des remèdes. Si un 172
jour vous tombez malade, allez plutôt chez elle que
chez l'infirmière ou chez ce vieux benêt de Dr Lepic.

– *Allez interroger Marie* ▷ *143*
– *Si c'est déjà fait* ▷ *173*

Mathieu : Ouf, chef, le père Trochu est retors mais la 173
mère Trochu c'est pas un cadeau ; je plains la Marie,
c'est la méchanceté même cette femme-là !

Adj. Savary : Je me demande si elle n'en remet pas un
peu ; on dirait que les Trochu veulent se charger l'un
l'autre... J'espère que vous avez bien tout noté...

Continuez ▷ *174*

Mathieu : Tout, chef, même ce que vous dites ; j'ai déjà 174
rempli deux calepins, avec un numéro à chaque page,
tenez je commence la page 174.

Adj. Savary : Très bien Mathieu, ça nous servira ; on
commence à entrevoir un bout de la vérité.

Continuez ▷ *175*

Mathieu : Moi, j'entrevois rien du tout, chef, à part que 175
les bouteilles viennent bien de chez Trochu, et qu'on
ferait bien d'aller voir Pilar pour cette histoire de
champignons ; elle vient d'arriver.

Adj. Savary : Sans oublier Angelo.

Mathieu : Ni son copain Michel.

Adj. Savary : Allons-y.

– *Pilar* ▷ *176*
– *Angelo* ▷ *177*

Adj. Savary : Alors c'est vous Pilar, qu'on appelle la 176
gitane ou la bohémienne ?

Pilar : Je préfère la Tsigane, brigadier, ça fait plus chic ;
en réalité je suis Lilloise et je m'appelle tout simplement
Bernadette Dubois.

Adj. Savary : Elle est bien bonne celle-là ! Et qu'est-ce que
vous faites à La Voulte déguisée comme ça ?

Continuez ▷ *178*

177 Adj. Savary : D'où êtes-vous Angelo ?

Angelo : Je suis italien, né à Cuneo dans le Piémont. J'ai vingt-huit ans ; j'ai commencé à travailler ici comme bûcheron saisonnier.

Puis M. Trochu m'a embauché ; je fais un peu de tout chez lui : les gros travaux de la ferme, les champs, la forêt.

Continuez ▷ **188**

---

178 Pilar : Disons que je suis une marginale ; j'ai fait des études de sociologie à Nanterre ; j'ai traîné un peu dans des groupuscules et des communautés ; j'ai fait aussi le voyage avec des gitans, des vrais ; il y a quelques années je suis passée par ici ; le pays m'a plu, j'y suis restée ; plutôt que d'être une vieille étudiante ratée, j'ai préféré devenir une fausse gitane réussie.

Continuez ▷ **179**

---

179 Adj. Savary : Et vous vivez de quoi ?

Pilar : Mme Trochu m'a laissé m'installer ici ; un peu de cueillette, un peu de fauche, les lignes de la main au chef-lieu les jours de marché.

Adj. Savary : Et la magie, la sorcellerie, les herbes ?

Pilar : La sorcellerie, n'exagérons pas ; disons que ça m'amuse de faire un peu peur à ces dames des chalets. Les herbes, oui, j'ai appris des choses chez les gitans ; la forêt est pleine de plantes qui font plus de bien que les saletés qu'on achète en pharmacie.

Continuez ▷ **180**

---

180 Adj. Savary : Du bien ou du mal ; et les champignons, vous vous y connaissez aussi ?

Pilar : Je vous vois venir, brigadier, vous vous demandez si ça n'est pas moi qui ai préparé le bouillon de onze heures du pauvre Eusèbe.

Adj. Savary : Comment êtes-vous au courant ?

PILAR : Les nouvelles vont vite à La Voulte. Non, franchement, je ne crois pas avoir jamais fait de mal à personne ici.

Continuez ▷ *181*

ADJ. SAVARY : Il paraît que vous êtes au mieux avec **181** Mme Trochu ?
PILAR : Ça vous étonne ! Oui je m'entends bien avec elle : c'est une victime, une femme déçue et rendue amère par la vie ; elle est souvent venue me voir pour me parler de ses misères. Je l'aide comme je peux, des trucs pour ses douleurs, des onguents pour sa peau, des remontants pour Trochu qu'elle croit détester mais qu'elle aime toujours... Mais ça n'est pas un phallocrate (*) de la maréchaussée qui peut comprendre ça !

Continuez ▷ *182*

MATHIEU : Phallocrate, chef, c'est un champignon ? **182**
ADJ. SAVARY : Pas tout à fait Mathieu, mais vous pensez aux amanites phalloïdes et vous avez raison.
Bon, écoutez, ma petite dame ; on n'est pas monté à votre cabane pour subir un cours de féminisme. Alors finissez votre cinéma ou je vous arrête séance tenante !
PILAR : Encore... !

Continuez ▷ *183*

ADJ. SAVARY : Taisez-vous et répondez à mes questions ! **183** Vous donnez aussi dans l'avortement, il paraît ?
PILAR : Je croyais que l'avortement était autorisé en France ?
ADJ. SAVARY : Seule l'I.V.G. (**) est autorisée, mais pas l'exercice illégal de la médecine, et encore moins la complicité d'assassinat par empoisonnement !...

Continuez ▷ *184*

(*) Se dit d'un homme qui se considère comme supérieur aux femmes et qui cherche donc à les dominer.
(**) Interruption volontaire de grossesse, légalisée en France en 1975, et pratiquée dans des conditions bien définies.

184 ADJ. SAVARY : ...Encore une fois, je vous arrête immédiatement, si vous continuez à vous moquer de nous. Il
y a quatre ans, vous avez donné du poison à
Mme Trochu, soi-disant pour faire avorter la Marie, en
réalité pour l'assassiner !

PILAR : Pas du tout, brigadier, là je parle sérieusement ;
c'est vrai je lui ai donné de l'extrait de fausse oronge,
mais une pincée seulement, en lui recommandant d'en
utiliser très peu. A faible dose, c'est un abortif puissant...

Continuez ▷ 185

---

185 ADJ. SAVARY : C'est aussi un poison mortel !

PILAR : Ça dépend comment on s'en sert ; d'ailleurs
Mme Trochu n'avait aucune intention d'assassiner
Marie.

ADJ. SAVARY : C'est vous qui le dites !

PILAR : Marie n'est pas morte, que je sache ?

ADJ. SAVARY : Mais Eusèbe, oui.

PILAR : Eusèbe, je n'y suis pour rien.

Continuez ▷ 186

---

186 ADJ. SAVARY : C'est ce qu'on verra. Une dernière question :
de votre cabane, vous voyez forcément passer les gens ;
est-ce que vous avez vu ou entendu passer Trochu ou
quelqu'un d'autre hier soir après huit heures ?

PILAR : Hier soir, je n'ai vu passer personne sur le chemin,
vous devriez le savoir !

Continuez ▷ 187

---

187 ADJ. SAVARY : Je répète ma question : hier soir vous n'avez
vu ni entendu passer personne dans le chemin entre
huit heures et minuit ?

PILAR : Hier soir entre huit heures et minuit, je n'ai vu
ni entendu passer personne dans le chemin, je suis
prête à en témoigner sous serment.

ADJ. SAVARY : Bon, eh bien, j'ai l'impression qu'on se
reverra bientôt, ne vous éloignez pas de votre cabane.

– *Interrogez Angelo* ▷ 177
– *Si c'est déjà fait* ▷ 197

ADJ. SAVARY : Vous préférez être garçon de ferme plutôt **188** que bûcheron ?

ANGELO : Pourquoi pas ? La place est bonne, j'ai la confiance de M. Trochu ; il m'a même proposé la semaine dernière de devenir son métayer.

ADJ. SAVARY : Tiens donc...

ANGELO : Oui, il paraît qu'il va avoir un emploi au parc régional.

Continuez ▷ *189*

ADJ. SAVARY : Dites donc, Angelo, on n'a pas de très bons **189** renseignements sur vous ; il paraît que vous êtes brutal, vous courez les filles...

ANGELO : Les filles c'est pour les gars et les gars pour les filles. Vous voulez pas que je fasse l'amour avec les sapins, ou avec les moutons comme les bergers. Moi je suis un Italien, monsieur, et les Italiens c'est des hommes... !

Continuez ▷ *190*

ADJ. SAVARY : Bagarreur aussi... **190**

ANGELO : Ah ça, si on me cherche...
Vous savez comment on appelle ici Cuneo, mon pays ? Coni. Alors au début quand on me disait : « D'où tu viens ? », je répondais : « De Coni » ; alors les gens riaient et m'appelaient Duconi ; mais un jour j'ai compris qu'on se moquait de moi, alors j'ai cogné très fort ; personne m'a plus jamais appelé comme ça.

ADJ. SAVARY : On vous a arrêté deux ou trois fois, et pas seulement pour des bagarres : braconnage, contrebande...

Continuez ▷ *191*

ANGELO : C'est du passé, chef, et puis c'était pas grave... **191**

ADJ. SAVARY : Venons au fait ; qu'est-ce que vous avez fait hier quand vous êtes parti de chez les Trochu ?

ANGELO : Hier, j'ai été boire un verre chez Michel ; on a discuté et puis on est allé faire un tour.

ADJ. SAVARY : Où cela ?

Continuez ▷ *192*

192 ANGELO : On est parti vers Briançon, avec la voiture de Michel ; on a bu un verre en route ; on a traîné et fait de la route, on voulait aller voir des filles.

ADJ. SAVARY : Et vous êtes rentrés à quelle heure ?

ANGELO : Au milieu de la nuit ; j'ai pris encore un café chez Michel, j'ai dormi un peu chez lui et je suis rentré le matin à la ferme.

Continuez ▷ *193*

---

193 ADJ. SAVARY : Vous n'avez pas revu Eusèbe hier soir ?

ANGELO : Non.

ADJ. SAVARY : Vous l'avez souvent frappé à ce qu'on dit.

ANGELO : Je lui ai donné une ou deux leçons, ça oui.

ADJ. SAVARY : On peut savoir pourquoi ?

ANGELO : Au début, je l'avais pris en pitié ; je lui payais un coup à boire de temps en temps, mais c'est une vraie colle ce garçon-là ; impossible de se débarrasser de lui quand il veut vous suivre... Et puis un jour il m'a fait du tort...

ADJ. SAVARY : Comment ça ?

Continuez ▷ *194*

---

194 ANGELO : Un jour, il a raconté je ne sais quoi aux douaniers : j'ai fait huit jours de prison à cause de ce sale petit espion ; tout ça pour un colis que j'avais ramené d'Italie à M. Trochu.

ADJ. SAVARY : Un colis de quoi ?

ANGELO : Des trucs pour engraisser les veaux ; je savais même pas que c'était interdit en France. Alors depuis cette histoire, Eusèbe, je m'en méfie... Et pourtant lui, il revenait toujours pour qu'on lui donne à boire ou qu'on l'emmène avec nous.

Continuez ▷ *195*

---

195 ADJ. SAVARY : L'emmener où ?

ANGELO : N'importe où du moment qu'on l'emmène se balader avec nous ; dans la montagne encore ça va, mais vous nous voyez aller voir des filles avec un idiot !

Adj. Savary : Nous, c'est qui ?

Ben c'est moi et mon copain Michel ; c'est le premier gars du pays que j'ai connu quand j'étais bûcheron.

Continuez ▷ 196

Adj. Savary : Une dernière question : Mme Trochu est **196** d'accord pour que vous deveniez métayer ?

Angelo : Ça doit pas beaucoup lui plaire : elle voudrait porter le pantalon celle-là ; mais que ça lui plaise ou non, c'est M. Trochu qui décidera.

– *Aller interroger Pilar* ▷ 176
– *Si c'est déjà fait* ▷ 197

Adj. Savary : Michel Tréfel, la scierie est à vous ? **197**

Michel : Oui, mes parents avaient un peu de terre ; j'ai tout vendu et fait un emprunt pour acheter la scierie il y a cinq ans ; j'aime la forêt et le travail du bois mais je déteste les travaux des champs.

Adj. Savary : Vous êtes ami avec Angelo ?

Michel : Oui, c'est un bon copain, on sort souvent ensemble.

Continuez ▷ 198

Adj. Savary : Parlez-moi un peu de lui. **198**

Michel : On s'est connu quand il était bûcheron, et puis on a à peu près le même âge et on est voisins...

Faut pas croire les gens, c'est un bon gars, Angelo, et serviable avec ça, toujours prêt à rendre service...

Continuez ▷ 199

Michel : Tenez, quand j'ai trop de travail à la scierie, je **199** peux toujours compter sur lui pour un coup de main ; souvent, c'est lui qui me descend les chargements de bois à l'usine du chef-lieu, et croyez-moi, conduire un chargement de trente tonnes sur une route de montagne, c'est pas une partie de plaisir ; mais c'est un fameux conducteur ; en Italie, il a été quelque temps camionneur et il a pas oublié le métier.

Continuez ▷ 200

200 ADJ. SAVARY : Il vous fait ça gracieusement ?

MICHEL : Je vous l'ai dit, il n'y a pas plus serviable. Il dit que je suis le seul à l'avoir aidé au début et qu'il me doit bien ça ; alors je m'arrange avec Trochu ; Angelo s'occupe de tout, même de recruter deux ou trois gars, des occasionnels, à qui on donne la pièce pour la journée...

ADJ. SAVARY : Vous livrez encore du bois à cette saison ?

MICHEL : Si le temps reste au beau, on fera une dernière livraison dans deux ou trois jours ; tant qu'il y a du travail, il faut en profiter avant l'hiver ; il faut que je rembourse mon emprunt.

Continuez ▷ *201*

---

201 ADJ. SAVARY : Revenons à l'affaire, vous êtes sortis hier soir avec Angelo ?

MICHEL : Oui, il est passé me voir après le souper, on est allé faire un tour.

ADJ. SAVARY : Un tour pendant toute la nuit... Où êtes-vous allés ?

MICHEL : La nuit était claire, on est monté jusqu'au col pour voir s'il était encore ouvert.

Continuez ▷ *202*

---

202 ADJ. SAVARY : Vous n'êtes pas descendus vers Briançon, voir des filles ?

MICHEL : Non, pourquoi ?

ADJ. SAVARY : Pour rien...

Qu'est-ce que vous alliez faire au col, vous alliez tirer des chamois ?

MICHEL : Tirer des chamois la nuit ! Faudrait être un fameux champion, et puis, brigadier, je ne suis pas chasseur, j'ai même pas de fusil.

ADJ. SAVARY : Mais Angelo, lui, il est connu pour ça...

MICHEL : Pas hier, brigadier.

D'ailleurs, quand c'est pour les chamois, je vais pas avec lui, il le sait.

Continuez ▷ *204*

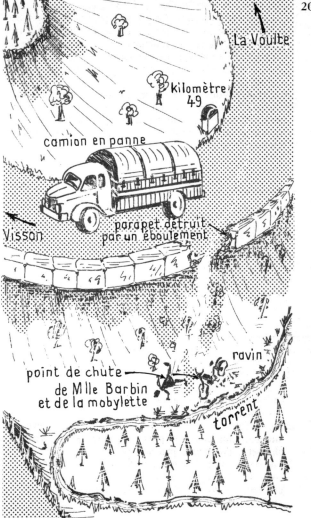

La Voulte

kilomètre 49

camion en panne

Visson

parapet détruit par un éboulement

point de chute de Mlle Barbin et de la mobylette

ravin

torrent

204 Adj. Savary : Vous vous promenez souvent comme ça la nuit ?

Michel : Le jour il y a du travail, surtout en ce moment avant les premières neiges ; moi j'adore la montagne : l'hiver je suis moniteur de ski de fond et guide de randonnées ; alors, faire une bonne balade, ça redonne la forme.

Adj. Savary : Et Angelo, pourquoi voulait-il aller au col ?

Continuez ▷ 205

---

205 Michel : Pour rien, peut-être pour voir son pays...

Adj. Savary : Ne me racontez pas de blagues ; ce ne serait pas plutôt pour une histoire de contrebande : ce col-là n'est même pas gardé...

Michel : Ecoutez, brigadier, je vous dis la vérité ; je sais qu'Angelo a eu quelquefois des ennuis, mais hier soir il n'y a eu ni braconnage ni contrebande. Il voulait voir si le col était ouvert, c'est tout.

Continuez ▷ 206

---

206 Adj. Savary : À quelle heure Angelo est il venu vous voir ?

Michel : Huit heures un quart.

Adj. Savary : Vous êtes partis tout de suite ?

Michel : Non ; on a pris un café, on a bu la goutte, on a bavardé une heure ou deux ; c'est comme ça que je lui ai dit que le col était encore ouvert ; il a parié que non, on a décidé d'y aller voir ; il devait être dix heures et demie.

Continuez ▷ 207

---

207 Adj. Savary : Vous êtes donc partis par le chemin ; avez-vous vu les gens du chalet ?

Michel : Non, il y avait encore de la lumière chez les demoiselles et chez le Dr Lepic ; chez M. Leplat c'était éteint.

Adj. Savary : Et la cabane de la gitane ?

Michel : Éteint aussi...

Continuez ▷ 208

ADJ. SAVARY : Dites-moi maintenant, Michel, je veux la **208**
vérité, avez-vous vu Eusèbe ?

MICHEL : C'est si important ? C'est pas nous qui l'avons
empoisonné, brigadier !

ADJ. SAVARY : C'est très important.

MICHEL : Eh bien oui ; Eusèbe était venu à la scierie ; il
avait dû suivre Angelo ; il voulait venir avec nous ;
on lui a donné un ou deux verres et on lui a dit de
rentrer. Angelo l'a menacé, mais quand on est parti,
il s'est obstiné à nous suivre, jusqu'au début du
chemin...

Continuez ▷ *209*

ADJ. SAVARY : Et ensuite ? **209**

MICHEL : Angelo s'est mis en colère, il l'a frappé.

ADJ. SAVARY : Fort ?

MICHEL : Un ou deux mauvais coups de poing ; Angelo
était furieux ; il connaît pas sa force ; je suis intervenu
pour qu'il ne l'amoche pas trop.

ADJ. SAVARY : Et alors ?

MICHEL : Eusèbe était tombé dans le fossé et Angelo lui
jetait des pierres ; Eusèbe s'est sauvé à travers la haie.

ADJ. SAVARY : De quel côté ?

MICHEL : Du côté du jardin des demoiselles.

– *Vous vérifiez sur le croquis des lieux* ▷ *81* ▷ *210*
– *Vous faites vérifier la haie* ▷ *471* ▷ *210*
– *Vous continuez* ▷ *210*

MATHIEU : On a vu tout le monde, chef, qu'est-ce que **210**
vous en pensez ?

ADJ. SAVARY : Qu'on a presque toutes les pièces du puzzle ;
reste à les assembler. Vous avez bien tout noté ?

MATHIEU : Tout, chef.

ADJ. SAVARY : Eh bien on va relire ça tranquillement et
on va recommencer.

MATHIEU : Recommencer quoi ?

ADJ. SAVARY : Retourner voir les gens, réinterroger tout le
monde.

Continuez ▷ *211*

211 MATHIEU : Et vous croyez qu'on va apprendre quelque chose de plus ? Ils vont nous embrouiller davantage. En plus, il y en a qui mentent.

ADJ. SAVARY : Dans cette affaire, certains mentent, d'autres ne disent pas toute la vérité ; c'est pour ça qu'il faut les réinterroger ; mais cette fois nous avons un avantage : nous savons les questions qu'il faut poser.

Continuez ▷ 212

---

212 MATHIEU : Vous, vous le savez, chef, pas moi !

ADJ. SAVARY : Je peux vous dire une chose, Mathieu : quand nous saurons qui était réellement Eusèbe, nous serons bien près de tout savoir. Mais auparavant, on va repasser à la gendarmerie ; j'ai téléphoné pour avoir certains renseignements. On reviendra à La Voulte demain après-midi.

Continuez ▷ 213

---

213 À la gendarmerie, vous ne perdez pas de temps. Vous obtenez des renseignements de diverses sources : vous en trouverez la liste en 214. Prenez connaissance de ceux qui vous semblent intéressants et, si vous le jugez utile, des commentaires de l'adjudant et de Mathieu.

Continuez ▷ 214

  – *Quand vous avez lu les renseignements*
   qui vous intéressent, continuez ▷ *215*

Adj. Savary : Bon, un deuxième tour maintenant. **215**
Mathieu : Par qui on commence ?
Adj. Savary : Les gens des chalets, Lepic, Leplat, Mme
 Carreau, l'infirmière, ainsi que Angelo et Michel.
Mathieu : Et Mlle Barbin.
Adj. Savary : Celle-là on la garde pour plus tard.
Mathieu : Dans quel ordre ?
Adj. Savary : N'importe.

– *Lepic*   ▷ *252*   – *Angelo* ▷ *255*
– *Mme Carreau* ▷ *253*   – *Michel* ▷ *256*
– *Mlle Martinet* ▷ *254*   – *Leplat* ▷ *257*

  Quand vous avez interrogé tout le monde ▷ *285*

Source : Dictionnaire des champignons. **216**

Champignon basidiomycète qui pousse dans les bois,
l'amanita muscaria est appelée vulgairement fausse orange
ou amanite tue-mouches.
Ce champignon vénéneux fait moins de victimes que
l'amanite phalloïde car il est facile à reconnaître à son
coloris rouge vif piqueté de points blancs.
À la différence de l'amanite phalloïde, dont les effets sont
retardés, le poison mortel, appelé muscarine, que contient
la fausse orange, agit très rapidement.

     – *Commentaires* ▷ *217*
     – *Retournez* ▷ *214*

Mathieu : Alors c'est avec ça qu'on fait les cocktails à la **217**
 muscarine...
Adj. Savary : Moi, ce qui m'intéresse, c'est qu'il est facile
 à reconnaître ; n'importe qui peut en ramasser...

       Retournez ▷ *214*

218 *Source :* Institut de médecine légale de Lyon. Communication téléphonique.

On se souvient très bien du Dr Lepic qui a fait un stage à l'Institut il y a vingt ans... Un type charmant mais pas du tout intéressé par la criminologie. « Aime trop la vie pour faire un médecin légiste » a écrit le directeur sur son dossier...

Est resté en rapport avec l'Institut ; a même envoyé, il y a quatre ans, un chien à autopsier... C'était un 1er avril et on a d'abord cru à une blague... Mais le chien avait réellement été empoisonné à la muscarine. Questionné, le Dr Lepic a simplement dit qu'il voulait rendre service à une voisine...

– *Commentaires* ▷ *219*
– *Retournez*   ▷ *214*

---

219 Adj. Savary : Dites donc, Mathieu, c'est intéressant ce poisson d'avril !

Mathieu : Pour sûr, chef, ce ne serait pas le chien de la mère Trochu ?

Retournez ▷ *214*

---

220 *Source :* Direction des renseignements généraux. Surveillance des étrangers.

... Angelo Cerutti, Italien résidant à La Voulte depuis six ans... Activités politiques : néant... Quelques petites condamnations pour braconnage et contrebande...

À surveiller discrètement en raison de ses relations passées avec les frères Spadaro, trafiquants mafiosi installés à Cuneo, chez qui il a été camionneur pendant deux ans.

– *Commentaires* ▷ *221*
– *Retournez*   ▷ *214*

---

221 Adj. Savary : Ça c'est un bon tuyau, je crois que j'ai compris.

Mathieu : Quoi donc, chef ?

Adj. Savary : Les promenades au clair de lune d'Angelo...

Retournez ▷ *214*

Source : Note du cabinet de M. le Préfet. **222**

... Il conviendra d'éviter lors de la création du parc régional que cet aménagement soit mal perçu par la population et notamment par les agriculteurs et les exploitants forestiers.

À cet effet, il conviendra d'offrir en priorité à la population locale et notamment aux habitants de la commune de Visson un certain nombre d'emplois.

Le conseiller général de Visson, M. Martinet, insiste tout particulièrement pour qu'on examine favorablement la demande de M. Trochu Paul, agriculteur à La Voulte, candidat au poste de chef des gardes forestiers.

– *Commentaires* ▷ *223*
– *Retournez* ▷ *214*

Mathieu : Le père Trochu a quand même des amis : **223**
   pistonné par la préfecture !
Adj. Savary : Et par l'oncle de Thérèse...

Retournez ▷ *214*

Source : Note de la police des frontières. **224**

L'attention de la police des frontières a été attirée sur l'intensification de l'immigration clandestine par les passages des cols alpins.

Une véritable filière de « passe » clandestine a été signalée par les carabiniers de Cuneo où un réseau organisé par la mafia et jouissant de complicités en France organiserait systématiquement l'entrée clandestine dans notre pays de ressortissants étrangers.

– *Commentaires* ▷ *225*
– *Retournez* ▷ *214*

Mathieu : On n'a pourtant pas entendu parler de passages **225**
   à La Voulte !
Adj. Savary : Peut-être parce que les clandestins nous
   passent sous le nez sans qu'on s'en aperçoive...

Retournez ▷ *214*

226 *Source :* Note des Renseignements généraux.

« Situé en région frontalière, le parc naturel de la Sermoise permettra d'assurer, en liaison avec les autorités italiennes, un contrôle plus efficace de la frontière actuellement insuffisamment surveillée.

Il conviendra donc de nommer aux emplois de gardes forestiers des éléments irréprochables, ayant autant que possible servi plusieurs années dans la gendarmerie, les services de douane ou les chasseurs alpins.

M. Leplat, pressenti pour la direction du parc, a été sensibilisé à cet impératif par M. le Préfet de région... »

– *Commentaires* ▷ 227
– *Retournez*   ▷ 214

---

227 Mathieu : Vous croyez que c'est à cause de ça que Leplat ne veut pas recruter Trochu ?

Adj. Savary : Qui sait ? Il y a peut-être aussi autre chose...

Retournez ▷ 214

---

228 *Sources diverses.*

Geneviève Barbin, née à Versailles en 1946, institutrice à Paris, puis directrice d'école à Créteil... Très bien notée... Demande son transfert dans les Alpes et l'obtient en 1974 malgré un avis défavorable de l'inspecteur d'académie qui souhaitait qu'elle se présente au concours d'inspection départementale...

– *Commentaires* ▷ 229
– *Retournez*   ▷ 214

---

229 Adj. Savary : Curieux !

Mathieu : Qu'est-ce qu'il y a de curieux, chef, elle a l'air très bien cette demoiselle...

Adj. Savary : Dites-moi Mathieu, si on vous proposait d'être lieutenant de gendarmerie à Grenoble, vous demanderiez votre mutation à Carpentras comme simple gendarme ?

Retournez ▷ 214

Source : Gendarmerie de Briançon. **230**

La femme Pilar, gitane résidant à La Voulte, a été arrêtée mardi soir à vingt et une heures à la fête de Briançon, à la suite d'une plainte pour vol d'un touriste auquel elle avait lu les lignes de la main ; gardée jusqu'au lendemain dans les locaux de la gendarmerie ; libérée à dix heures le mercredi, le touriste ayant retiré sa plainte après avoir retrouvé son portefeuille dans sa chambre d'hôtel...

            – *Commentaires* ▷ *231*
            – *Retournez*   ▷ *214*

ADJ. SAVARY : Vous comprenez maintenant pourquoi la **231** Pilar se foutait de nous l'autre jour ?
MATHIEU : Non, pourquoi ?
ADJ. SAVARY : Eh bien la nuit de mardi à mercredi, c'est celle de la mort d'Eusèbe !

Retournez ▷ *214*

Source : Gendarmerie ; vérifications effectuées par le **232** gendarme Thomas.

Le déplacement dans la soirée indiqué par M. Leplat a été confirmé.

            – *Commentaires* ▷ *233*
            – *Retournez*   ▷ *214*

MATHIEU : Il est donc hors du coup ? **233**
ADJ. SAVARY : Pas vraiment s'il est rentré à onze heures du soir. Dans cette affaire, les allées et venues des gens de La Voulte dans la soirée ont une importance capitale.

Retournez ▷ *214*

Sources diverses. **234**

Charles Leplat est né en 1940 à Rouen ; études à Maisons-Alfort, coopérant vétérinaire en Afrique, docteur   →

en agronomie, vétérinaire aux haras du baron de Rothschild près de Caen de 1966 à 1973 ; marié sans enfants ; veuf en 1972 : sa femme décédée dans un accident de voiture. Quitte les haras en 1973 pour s'installer à La Voulte.

Candidat à la direction du parc régional de la Sermoise ; la meilleure candidature d'après le conseil régional et la préfecture.

– *Commentaires* ▷ 235
– *Retournez* ▷ 214

---

235 ADJ. SAVARY : Il y a quelque chose qui ne colle pas...

MATHIEU : Quoi donc, chef ?

ADJ. SAVARY : Rien, une idée comme ça ; drôle de carrière, vous ne trouvez pas ?

Retournez ▷ 214

---

236 *Source :* Gendarmerie ; vérifications effectuées par le gendarme Thomas.

Les rendez-vous indiqués par Mlle Martinet dans son témoignage étaient exacts.

Il est signalé également qu'au dire de certaines personnes Mlle Martinet aurait depuis plusieurs années une liaison régulière avec le fermier Trochu.

– *Commentaires* ▷ 237
– *Retournez* ▷ 214

---

237 MATHIEU : Ça c'est la meilleure !

ADJ. SAVARY : En tout cas, le gendarme Thomas a fait du bon travail ; il ne faut jamais négliger les commérages dans les enquêtes...

Retournez ▷ 214

---

238 *Source :* Service des autopsies de Grenoble.

En attendant les analyses des viscères, le premier examen du corps et des déjections de la victime font apparaître :
– qu'elle est morte en état d'ébriété,

- que la mort est due à l'absorption d'un mélange de
  liqueur de gentiane saturé de muscarine,
- que la mort a dû intervenir très rapidement compte
  tenu de la concentration du poison et de son mélange
  avec l'alcool,
- que la victime a reçu des coups au visage moins d'une
  heure avant sa mort.

– *Commentaires* ▷ 239
– *Retournez*   ▷ 214

ADJ. SAVARY : Ça confirme les observations du Dr Lepic et, **239**
avec ce qu'on sait par ailleurs, on peut maintenant
établir assez précisément la mort d'Eusèbe entre dix
heures et demie et minuit.

Retournez ▷ 214

Source : Communication téléphonique ; renseignements **240**
obtenus par le gendarme Mathieu.

L'institution Saint-Vincent de Paris confirme que l'enfant
Jean-Pierre Dieudonné a été recueilli en 1962 et confié
à l'orphelinat Sainte-Marie-des-Anges.
Arriéré mental, mais de constitution robuste, a partiel-
lement rattrapé son retard ; apte à s'insérer dans la vie
active, de préférence en milieu rural.
Un vétérinaire de la région des Alpes, M. Leplat, s'étant
proposé en 1973 de le faire accueillir dans une famille
d'agriculteurs, le conseil de l'institution a donné son
accord.

– *Commentaires* ▷ 241
– *Retournez*   ▷ 214

ADJ. SAVARY : Dommage que Saint-Vincent soit à Paris, je **241**
commençais à avoir une hypothèse...
MATHIEU : Attendez, chef, les archives et le conseil, disons
la direction, sont à Paris, mais l'orphelinat Sainte-
Marie-des-Anges, une sorte de filiale, est en province.
ADJ. SAVARY : Ah oui, et où cela ?
MATHIEU : À Bayeux dans le Calvados.

Retournez ▷ 214

242 *Source :* Météorologie nationale.

... L'été de la Saint-Martin se prolonge. Le temps restera beau et ensoleillé au cours des prochains jours. On prévoit cependant une dégradation des conditions atmosphériques avec pluie et chutes de neige dans les Alpes pour la fin de la semaine...

– *Commentaires* ▷ 243
– *Retournez*　　▷ 214

---

243 Mathieu : Bof ! La météo...

Adj. Savary : Vous avez tort, Mathieu, la météo joue un rôle plus important que vous ne croyez dans cette affaire.

Retournez ▷ 214

---

244 *Source :* Extrait d'une note d'Interpol.

« ... Assignés à résidence à Coni (Cuneo, Piémont) à la suite du rapport de la commission parlementaire italienne sur les activités de la mafia, les frères Guiseppe et Salvatore Spadaro ont réorganisé dans cette région, sous le couvert d'une société de transports, un vaste trafic international : trafic de devises, drogue, passage clandestin d'immigrés et de terroristes, extorsions, etc.
À surveiller avec la plus grande vigilance ; polices italienne, française et suisse directement concernées... »

– *Commentaires* ▷ 245
– *Retournez*　　▷ 214

---

245 Mathieu : C'est quand même pas la mafia qui a tué Eusèbe...

Adj. Savary : Avec la mafia, on peut s'attendre à tout, Mathieu.

Retournez ▷ 214

---

246 *Source :* Laboratoire d'analyses de la gendarmerie ; analyse de la bouteille brune.

La bouteille brune porte les empreintes des époux Trochu,

de Mlle Barbin et du Dr Lepic. Elle contient un fond de liqueur de gentiane parfaitement inoffensif. Une étiquette porte le nom de M. Trochu et l'indication gentiane.

– *Commentaires* ▷ *247*
– *Retournez* ▷ *214*

247
MATHIEU : Ça ne nous apprend pas grand-chose...
ADJ. SAVARY : Je ne suis pas du tout de votre avis.

Retournez ▷ *214*

248
Source : Laboratoire d'analyses de la gendarmerie ; analyse de la bouteille verte.

Malgré une couche de poussière qui en rend l'examen difficile, la bouteille verte présente un grand nombre d'empreintes et notamment celles :

> – des époux Trochu,
> – d'Eusèbe,
> – de Mlle Martinet,
> – de M. Leplat,
> – du Dr Lepic.

Elle contenait un fond de liqueur de gentiane mélangée à une concentration très dense de muscarine. Un épais dépôt de cette substance indique que le poison a été introduit dans la bouteille sous forme d'une poudre de champignons broyés.
L'étiquette, bien que sale et grattée aux trois-quarts, est du même papier que celle de la bouteille brune.

– *Commentaires* ▷ *249*
– *Retournez* ▷ *214*

249
MATHIEU : Là, pour le coup, il y a trop d'empreintes.
ADJ. SAVARY : Moi, ce qui m'intéresse, c'est l'étiquette incomplètement grattée et la couche de poussière.

Retournez ▷ *214*

250
Source : Service de répression des fraudes.

Une enquête est en cours à la société V.I.F. de Briançon (Veau industriel de France), fournisseur important des →

cantines scolaires et des restaurants universitaires, spécialisée dans l'élevage industriel des veaux. Des analyses ont en effet révélé la présence massive dans l'alimentation des veaux destinés à la boucherie d'anabolisants de type BX 103 dont la vente et l'utilisation pour la nourriture du bétail sont strictement interdites en France. Les services de répression des fraudes signalent que le BX 103, fabriqué par des laboratoires clandestins de Lombardie, est introduit illégalement en France.

– Commentaires ▷ *251*
– Retournez ▷ *214*

---

251 MATHIEU : J'espère qu'ils ne fournissaient pas les cantines de la gendarmerie ! Vous croyez qu'il y a un rapport avec cette affaire ?

ADJ. SAVARY : Je ne sais pas encore, mais j'ai une idée : il faudra demander à Trochu s'il fait de l'élevage.

Retournez ▷ *214*

---

252 ADJ. SAVARY : Docteur, on est pressé, je ne vous poserai que trois questions.

Dr LEPIC : Allez-y, brigadier.

ADJ. SAVARY : Dans les vallées alpines, il y a des cas de dégénérescence dus aux mariages consanguins, non ?

Dr LEPIC : C'est très exagéré...

ADJ. SAVARY : Vous n'avez rien de semblable à La Voulte ?

Dr LEPIC : Pas grand-chose ; voyons, nous avions bien un déficient mental avec Eusèbe mais il n'était pas du pays ; il y a Michel qui a six orteils au pied gauche, Mme Carreau souffre d'une légère déformation de la hanche qui l'oblige à porter des semelles orthopédiques.

Allez ▷ *258*

---

253 ADJ. SAVARY : Madame Carreau, il faut nous répondre, sinon je risque d'arrêter un innocent. De qui venait la donation pour la mairie lors du placement d'Eusèbe ?

Mme CARREAU : D'un orphelinat privé, l'institution Saint-Vincent.

ADJ. SAVARY : Mais enfin, ce genre d'institution reçoit des dons mais n'en fait pas.

Mme CARREAU : Tout ce que je peux vous dire, c'est que la lettre venait bien de l'institution, mais que le chèque, une somme assez importante, était signé par M. Leplat...

Retournez ▷ *215*

ADJ. SAVARY : J'irai droit au fait. D'après des commérages, **254** vous avez eu une liaison avec Trochu. C'est vrai ?

THÉRÈSE : Eh bien oui, je suis une femme et Trochu est plutôt bel homme et beaucoup plus gentil qu'on ne le dit ; je le vois de temps en temps.

ADJ. SAVARY : L'histoire de l'asthme pour empêcher Ronron de monter chez vous, c'est à cause de ça, n'est-ce pas ? Pour fermer la porte de l'escalier intérieur quand il vient vous voir ?

THÉRÈSE : Vous avez tout compris, brigadier...

Allez ▷ *262*

ADJ. SAVARY : Angelo, vous avez menti l'autre jour : le **255** soir où Eusèbe est mort, vous êtes monté jusqu'au col voir s'il était ouvert...

ANGELO : Oui, c'est vrai.

ADJ. SAVARY : Et vous avez frappé Eusèbe pour qu'il ne vous suive pas...

ANGELO : Je vois que Michel vous a tout raconté...

ADJ. SAVARY : Seulement moi, je sais ce que ne sait pas votre ami Michel ; je sais pourquoi vous teniez à voir si le col était praticable, et pourquoi vous ne vouliez surtout pas qu'Eusèbe soit au courant...

Allez ▷ *264*

ADJ. SAVARY : Michel, vous êtes un peu naïf ! **256**

MICHEL : Moi, pourquoi ?

ADJ. SAVARY : Si j'ai bien compris, vous employez des travailleurs au noir, des amis d'Angelo ; c'est vous-même qui me l'avez dit...

MICHEL : Qu'est-ce que vous racontez, je n'emploie personne au noir... Ah oui, pour les livraisons à l'usine ? Vous n'allez pas me faire d'histoires pour un ou deux gars à qui on donne la pièce pour la journée...

Allez ▷ *268*

257 Adj. Savary : Monsieur Leplat, j'ai relu votre première déposition. Pourquoi avez-vous attendu une heure pour nous téléphoner ?

Leplat : Je ne sais pas, je vous l'ai dit je crois, j'étais bouleversé ; c'est vrai, j'ai dû reprendre mes esprits.

Adj. Savary : Pourtant vous êtes un homme précis, efficace et dynamique ; mais peut-être la mort d'Eusèbe a-t-elle été un choc pour vous ?

Allez ▷ 271

---

258 Dr Lepic : Il y a aussi la mère Trochu qui est daltonienne et Trochu qui est né avec un bec-de-lièvre mais qu'on a très bien opéré.

Adj. Savary : Et Mlle Martinet... ?

Dr Lepic : Permettez, brigadier, le secret professionnel, ça existe quand même.

Adj. Savary : Je voudrais simplement savoir si elle est asthmatique.

Dr Lepic : Thérèse, asthmatique ! Elle a un cœur et des poumons de montagnarde. Elle est saine comme un cheval !

– *Vous faites vérifier par Mathieu* ▷ 472 ▷ 259
– *Vous continuez* ▷ 259

---

259 Adj. Savary : Deuxième question, docteur. Vous m'avez parlé du groupe sanguin d'Eusèbe qui avait failli mourir d'une péritonite quand La Voulte était bloqué par la neige. Qui était le donneur pour la transfusion ?

Dr Lepic : L'institutrice : ça a été un vrai coup de chance !

Continuez ▷ 260

---

260 Adj. Savary : Troisième et dernière question. Il paraît que vous faites autopsier les chiens ?

Dr Lepic : Ah, je vois ; en effet, à Lyon ils ont d'abord cru que c'était une blague ; c'est la mère Trochu qui voulait savoir comment était mort son chien ; elle soupçonnait je ne sais qui de l'avoir empoisonné, peut-être bien Mlle Barbin, et elle n'avait pas confiance en Leplat, je ne sais plus pourquoi...

Continuez ▷ 261

Dr Lepic : Eh bien, c'était vrai : on lui avait bel et bien **261**
empoisonné son chien...
Mais, attendez, suis-je bête, j'aurais dû vous le dire :
le chien avait été empoisonné à la muscarine, comme
Eusèbe ; plutôt rare en effet ; d'habitude dans nos
campagnes, les boulettes pour chiens, c'est plutôt à la
mort-aux-rats.

Retournez ▷ 215

Adj. Savary : Et Trochu est venu vous voir à quelle heure, **262**
l'autre soir ?
Thérèse : Il n'est pas resté longtemps, une demi-heure
environ.
Il m'a parlé du poste de chef des gardes forestiers au
parc régional. Je lui ai dit que j'avais fait le nécessaire.
Adj. Savary : Par votre oncle, le conseiller général ?
Thérèse : Oui.
Adj. Savary : Il est donc resté avec vous jusqu'à neuf
heures moins le quart, neuf heures.
Thérèse : À cinq minutes près, oui.

Continuez ▷ 263

Adj. Savary : Et vous l'avez vu repartir ensuite ? **263**
Thérèse : Il faut que je vous dise, brigadier, je crois qu'il
est entré ensuite chez Mlle Barbin. J'aime beaucoup
Geneviève, mais au point où nous en sommes, il vaut
mieux que vous le sachiez.

Retournez ▷ 215

Adj. Savary : ... Vous aviez reçu un message de vos amis **264**
Spadaro, n'est-ce pas ? Ils voulaient profiter du beau
temps pour vous demander de faire encore un passage,
c'est ça ?
Angelo : Je peux rien vous dire, chef ; arrêtez-moi si vous
voulez ; les frères Spadaro c'est pas mes amis et si je
parle, je suis un homme mort.

Continuez ▷ 265

265 ADJ. SAVARY : Pas si vous me faites confiance. Les frères Spadaro, c'est la mafia ; comment vous tiennent-ils ?

ANGELO : Ils ont prêté de l'argent à mon père...

ADJ. SAVARY : Alors de temps en temps, ils vous demandent un petit service : passer un ou deux colis en France ou faire passer la frontière à des clandestins.

ANGELO : Moi, je sers uniquement à les empêcher de se tuer en redescendant dans la vallée...

Continuez ▷ *266*

---

266 ADJ. SAVARY : Pas seulement, Angelo. Vous servez aussi à les faire arriver sans encombre au chef-lieu, pas vrai ?

ANGELO : Si vous savez tout, chef...

ADJ. SAVARY : Presque tout, alors si vous voulez qu'on soit indulgent avec vous, il me faut un renseignement...

Continuez ▷ *267*

---

267 ADJ. SAVARY : ... Les produits pour engraisser les veaux, c'était pour qui ?

ANGELO : C'est Trochu qui me les avait demandés.

ADJ. SAVARY : Il fait de l'élevage de veaux, Trochu ?

ANGELO : Non, c'était pour des gens qu'il connaît, dans le bas de la vallée.

ADJ. SAVARY : Je vois...

Retournez ▷ *215*

---

268 ADJ. SAVARY : ... et qui descendent ensuite au chef-lieu avec Angelo dans le camion...

MICHEL : Oui, où est le mal ?

ADJ. SAVARY : Des étrangers...

MICHEL : Oui, des Italiens, je crois ; de toute façon, c'est Angelo qui les recrute, j'ai pas à leur parler.

ADJ. SAVARY : Mais ça pourrait aussi bien être des Tunisiens ou des Yougoslaves !

MICHEL : Possible.

Continuez ▷ *269*

---

269 ADJ. SAVARY : Écoutez-moi bien, ça n'est pas d'infraction à la législation du travail que vous risquez d'être accusé, mais de complicité pour immigration clandestine.

MICHEL : Elle est bien bonne celle-là !

ADJ. SAVARY : Il faut vraiment tout vous expliquer ; vous voulez connaître le scénario ?

MICHEL : Expliquez-moi au moins.

Continuez ▷ 270

ADJ. SAVARY : Vous prévoyez une livraison de bois à l'usine **270** dans deux ou trois jours, n'est-ce pas ?

MICHEL : Oui, je vous l'ai dit, si le temps ne change pas.

ADJ. SAVARY : Eh bien si le temps ne change pas, le col sera toujours ouvert ; Angelo dans la nuit fera passer la frontière à deux ou trois clandestins. Le matin, il vous dira qu'il les a recrutés à la journée pour le chargement et il les descendra tranquillement dans votre camion jusqu'au chef-lieu où ils arriveront sans risquer de se faire prendre par la police des frontières ou la gendarmerie ; vous comprenez maintenant ?

Retournez ▷ 215

LEPLAT : C'est vrai ; je me sentais un peu responsable ; **271** comme vous savez, je me suis occupé de ce garçon.

ADJ. SAVARY : Quand vous avez arrangé son placement à La Voulte ?

LEPLAT : Oui, c'est cela.

ADJ. SAVARY : Vous n'avez pas non plus parlé du poison quand vous nous avez appelé. Or vous étiez parfaitement au courant...

Continuez ▷ 272

LEPLAT : C'est vrai, j'ai compris tout de suite, mais je me **272** suis demandé si ça valait la peine de déclencher une enquête...

ADJ. SAVARY : Ensuite, vous êtes allé en voiture chercher personnellement Mlle Barbin à Visson ; vous préfériez lui annoncer vous-même la nouvelle, n'est-ce pas ?

LEPLAT : Eh bien oui ; elle aimait beaucoup Eusèbe ; c'était normal de lui annoncer ce malheur avec ménagement...

Continuez ▷ 273

273 ADJ. SAVARY : Passons. Monsieur Leplat, je voudrais vous poser une question naïve : vous gagnez bien votre vie ici ?

LEPLAT : Je ne me plains pas. Pourquoi me demandez-vous ça ?

ADJ. SAVARY : Eh bien, je me disais que quand une pouliche du baron de Rothschild éternue, ça doit rapporter plus au vétérinaire qu'une épidémie de fièvre aphteuse dans tout ce département !

LEPLAT : Que voulez-vous dire ?

Continuez ▷ *274*

---

274 ADJ. SAVARY : Je m'interroge sur votre carrière, monsieur Leplat. Je me demande pourquoi un des jeunes vétérinaires les plus brillants de sa promotion, docteur en agronomie par surcroît, s'est tout à coup retiré à La Voulte ?

LEPLAT : Croyez-vous qu'un homme doive absolument faire carrière ? La vie que je mène ici me plaît, et je suis peut-être plus utile ici qu'aux haras de Caen.

Continuez ▷ *275*

---

275 ADJ. SAVARY : C'est sûrement vrai, et puis vous avez eu un coup dur en 1972 : vous avez perdu votre épouse...

LEPLAT : Oui, elle s'est tuée sur l'autoroute Paris-Rouen.

ADJ. SAVARY : Et c'est un an après que vous vous êtes installé ici ?

LEPLAT : En effet.

Continuez ▷ *276*

---

276 ADJ. SAVARY : Quelque temps après, en 1974, vous avez négocié avec l'institution Saint-Vincent et la mairie de Visson le placement d'Eusèbe chez les Trochu ?

LEPLAT : Oui.

ADJ. SAVARY : Si mes notes sont exactes, Mlle Barbin est arrivée à La Voulte en septembre de la même année, pour la rentrée scolaire.

LEPLAT : C'est possible. Où voulez-vous en venir ?

Continuez ▷ *277*

ADJ. SAVARY : Oh, rien ! Simple rapprochement ; mais 277
parlons plutôt du placement d'Eusèbe. Vous connaissiez
déjà l'institution Saint-Vincent ou plus exactement
l'orphelinat Sainte-Marie-des-Anges avant de venir ici ?
LEPLAT : Oui, en Normandie, j'avais accepté d'assurer
bénévolement les soins vétérinaires de la fermette de
Sainte-Marie-des-Anges ; ils ont su que j'étais installé
dans les Alpes, région de montagne saine et propice
au placement d'enfants ; il est normal qu'ils m'aient
demandé de servir d'intermédiaire ; quoi de plus naturel ?

Continuez ▷ 278

ADJ. SAVARY : Quoi de plus naturel en effet. Une dernière 278
question : vous êtes, je crois, très intéressé par la
direction du parc régional de la Sermoise...
LEPLAT : Bien sûr, tout le monde est au courant. Je crois
avoir les compétences pour ce poste ; ma nomination
ne devrait pas rencontrer d'obstacles.

Continuez ▷ 279

ADJ. SAVARY : Sauf si elle suscite des mécontentements 279
chez les agriculteurs et les exploitants forestiers de la
région...
LEPLAT : Ah, vous voulez faire allusion à Trochu ?
ADJ. SAVARY : Précisément.
LEPLAT : Eh bien, brigadier, parlons franchement. Il se
trouve en effet que Trochu réclame, je ne sais pas au
nom de quoi, le poste de chef des gardes forestiers. Je
lui ai dit carrément non...

Continuez ▷ 280

ADJ. SAVARY : Pourquoi ? 280
LEPLAT : J'ai des raisons de penser qu'il n'est pas la
personne qui convient pour cette fonction. Je m'en suis
expliqué avec lui mais il n'en décolère pas et m'assiège
depuis une dizaine de jours, utilisant même le chantage
et la menace...
ADJ. SAVARY : Le chantage ?

Continuez ▷ 281

281 LEPLAT : Il est venu me voir en menaçant de faire je ne sais quelles révélations, ou encore de renvoyer Eusèbe qui ne lui sert à rien.

Je l'ai, bien sûr, mis à la porte, mais je sais qu'il continue à intervenir auprès de Mme Carreau, de Mlle Martinet et de Mlle Barbin.

Continuez ▷ *282*

---

282 ADJ. SAVARY : L'oncle de Mlle Martinet est conseiller général, je crois...

LEPLAT : En effet et Trochu est ou a été disons très lié avec sa nièce.

Mais ma décision est irrévocable ; si je suis nommé directeur du parc, je ne prendrai pas Trochu comme chef des gardes.

ADJ. SAVARY : Dites-moi pourquoi, monsieur Leplat, seulement parce que Trochu est un peu braconnier ?

Continuez ▷ *283*

---

283 LEPLAT : Je vais vous dire pourquoi, mais gardez cela pour vous.

Je n'ai pas de preuves, mais j'ai la conviction que c'est Trochu qui introduit le BX 103 dans la région et le fournit aux producteurs industriels.

ADJ. SAVARY : Ce produit pour engraisser plus rapidement les veaux ?

Continuez ▷ *284*

---

284 LEPLAT : C'est cela ; un produit illégal et dangereux ; il se trouve que j'ai participé à l'enquête sur la société V.I.F. et certains recoupements, ainsi que quelques demi-confidences du personnel, m'ont permis de comprendre que le poùrvoyeur était Trochu avec la complicité d'Angelo qui va probablement chercher le produit en Italie.

Vous comprenez maintenant pourquoi je ne veux pas de Trochu au parc...

Retournez ▷ *215*

MATHIEU : La mafia, les fraudes alimentaires, l'affaire se **285**
complique de plus en plus !
Le pauvre Eusèbe était sans le savoir au milieu d'un
sac de nœuds.

ADJ. SAVARY : En effet, Mathieu, mais nous avançons à
grand-pas.
Il est temps de voir Mlle Barbin.

Continuez ▷ *286*

ADJ. SAVARY : Mademoiselle, il faut que nous reparlions **286**
de certains points ; mais tout d'abord, expliquez-moi
quelque chose que je ne comprends pas : en 1972,
vous êtes directrice d'école dans la région parisienne,
très bien notée, en passe de devenir inspectrice, et puis
voilà que vous faites des pieds et des mains pour venir
vous enterrer à La Voulte comme simple institutrice.

Continuez ▷ *287*

MLLE BARBIN : Il n'y a pas que la carrière qui compte. **287**

ADJ. SAVARY : C'est curieux, M. Leplat m'a dit la même
chose.
Vous aviez une raison importante pour vous installer
ici ?

MLLE BARBIN : J'étais dépressive, la région parisienne ne
me convenait pas ; on m'a conseillé la montagne.

Continuez ▷ *288*

ADJ. SAVARY : Dépressive, peut-être, et vous voulez que je **288**
vous dise pourquoi ? À cause d'Eusèbe ou si vous
préférez de Jean-Pierre Dieudonné. C'était votre fils,
n'est-ce pas ?

MLLE BARBIN : Vous savez !

ADJ. SAVARY : Pas tout mais presque.
Voyez-vous, j'ai commencé à me poser des questions
quand j'ai je me suis aperçu que, la même année ou
presque, on voyait arriver à La Voulte M. Leplat, Eusèbe
puis vous. Le détail du groupe sanguin m'a fait tout
comprendre...

Continuez ▷ *289*

289 ADJ. SAVARY : M. Leplat est le père...

MLLE BARBIN : Oui.

ADJ. SAVARY : Comment êtes-vous devenue mère d'Eusèbe ?

MLLE BARBIN : C'était il y a un peu plus de vingt ans. J'avais accompagné une classe en Normandie.

Nous faisions une enquête avec les enfants sur les élevages de chevaux ; c'est comme ça que j'ai rencontré Charles.

ADJ. SAVARY : A l'époque il était marié...

Continuez ▷ *290*

---

290 MLLE BARBIN : Oui, et il ne pouvait pas reconnaître l'enfant. J'ai eu un accouchement prématuré très difficile. L'enfant a souffert à la naissance ; on m'a dit qu'il serait handicapé mental. M. Leplat m'a suggéré de le confier à une institution de Bayeux qu'il connaissait ; j'ai accepté...

ADJ. SAVARY : Et ensuite ?

Continuez ▷ *291*

---

291 MLLE BARBIN : Ensuite, ça a été affreux. J'avais un horrible sentiment de culpabilité, c'est comme ça que je suis devenue dépressive ; M. Leplat aussi de son côté ; jusqu'au jour où Mme Leplat est morte dans un accident.

Continuez ▷ *292*

---

292 ADJ. SAVARY : Vous n'avez pas songé à vous marier avec M. Leplat ?

MLLE BARBIN : Nous y avons pensé ; nous n'y tenions plus réellement, ni lui ni moi.

Mais nous avons voulu faire quelque chose pour l'enfant, nous rapprocher de lui. C'est comme ça que l'idée de s'installer dans les Alpes nous est venue.

Charles est arrivé à La Voulte le premier, a fait venir Eusèbe, je suis venue ensuite.

Continuez ▷ *293*

ADJ. SAVARY : Comment ça s'est passé ?

MLLE BARBIN : Au début, bien. L'enfant prenait des forces, il venait me voir, j'avais presque réussi à lui apprendre à lire. Et puis les Trochu ont commencé à ne plus s'entendre ; Eusèbe s'est mis à boire, vous connaissez la suite.

ADJ. SAVARY : Pas complètement ; en quoi le projet de parc a-t-il changé quelque chose à la situation ?

Continuez ▷ 294

MLLE BARBIN : C'est à cause de Trochu ; il a fini par faire des recoupements et comprendre que nous étions les parents d'Eusèbe ; il trouvait que M. Leplat ne lui donnait pas assez d'argent, voulait mettre Eusèbe à la porte disant qu'il ne travaillait pas assez et que c'était une bouche inutile. C'est devenu pire quand Trochu s'est mis en tête de devenir chef des gardes forestiers.

Continuez ▷ 295

MLLE BARBIN : ... Il s'est mis carrément à nous faire chanter, menaçant de tout révéler si on ne lui donnait pas ce poste. M. Leplat l'avait éconduit, alors c'est moi qu'il venait voir pour que j'intervienne ; mais je ne voulais pas non plus qu'Eusèbe soit un obstacle pour Charles ; c'est un homme d'une grande probité et il en a déjà assez fait pour nous.

Continuez ▷ 296

ADJ. SAVARY : Dites-moi, mademoiselle, Trochu est venu vous voir le soir de la mort d'Eusèbe ?

MLLE BARBIN : Oui, toujours pour la même raison.

ADJ. SAVARY : À quelle heure exactement ?

MLLE BARBIN : De neuf heures à dix heures.

ADJ. SAVARY : Où l'avez-vous reçu ?

MLLE BARBIN : Dans la cuisine qui donne sur le jardin pour qu'on ne nous entende pas : la chambre de Thérèse donne sur la route et j'avais mis la télévision un peu fort.

Continuez ▷ 297

297 ADJ. SAVARY : Comment s'est passée l'entrevue ?

MLLE BARBIN : Au début, nous avons parlé calmement ; je lui ai même offert un peu de gentiane de la bouteille qu'il m'avait donnée ; mais au bout d'un moment, il s'est mis en colère, a recommencé les mêmes menaces et m'a dit que, de toute façon, il avait décidé de congédier Eusèbe.

ADJ. SAVARY : Dites-moi exactement ce qui s'est passé, c'est très important.

Continuez ▷ *298*

---

298 MLLE BARBIN : À un moment, il a presque crié : « De toute façon, ce crétin, demain je le mets à la porte ! »

ADJ. SAVARY : Et qu'est-ce que vous avez répondu ?

MLLE BARBIN : Je crois que je me suis mise à pleurer et je lui ai dit : « Vous ne pouvez pas faire ça, Trochu, Eusèbe est quand même notre enfant ! »

ADJ. SAVARY : Notez bien, Mathieu, notez bien. Et ensuite... ?

Continuez ▷ *299*

---

299 MLLE BARBIN : Je l'ai supplié d'attendre, je lui ai promis que j'essaierai de parler en sa faveur à M. Leplat. Il s'est calmé un peu et il est reparti.

ADJ. SAVARY : À quelle heure ?

MLLE BARBIN : Quelques instants avant dix heures.

Continuez ▷ *300*

---

300 ADJ. SAVARY : Une dernière précision, mademoiselle. Vous dites que vous avez offert un verre de gentiane à Trochu ; à quel moment exactement ?

MLLE BARBIN : Au début, quand il n'était pas encore trop agressif. Avec moi, Trochu était d'humeur changeante ces derniers temps. Un jour, c'étaient des menaces à peine voilées, le lendemain un geste aimable, un petit service ou un cadeau ; cette histoire d'emploi le rendait fou.

ADJ. SAVARY : Donc vers neuf heures un quart, neuf heures et demie ?

Continuez ▷ *301*

Mᴸᴸᴇ Bᴀʀʙɪɴ : Vraisemblablement ; je pensais que nous allions parler raisonnablement.

C'était une bouteille qu'il m'avait offerte, je lui en ai servi un verre, j'en ai pris un peu moi aussi, par politesse.

Aᴅᴊ. Sᴀᴠᴀʀʏ : Où était cette bouteille ?

Mᴸᴸᴇ Bᴀʀʙɪɴ : Sur le rebord de la fenêtre de la cuisine ; elle est toujours à l'ombre et me sert un peu de garde-manger.

Continuez ▷ 302

Aᴅᴊ. Sᴀᴠᴀʀʏ : Et c'est là que vous l'avez remise. À quelle heure ?

Mᴸᴸᴇ Bᴀʀʙɪɴ : Tout de suite après avoir rempli les verres à liqueur, avant qu'il ne se mette en colère. Le lendemain elle n'y était plus ; on l'a retrouvée dans le jardin de M. Lepic, je crois.

Continuez ▷ 303

Aᴅᴊ. Sᴀᴠᴀʀʏ : Exact.

Pourriez-vous me montrer ce rebord de fenêtre de l'extérieur ?

Mᴸᴸᴇ Bᴀʀʙɪɴ : Tout de suite, allons dans le jardin... Tenez c'est ici derrière la plate-bande.

Aᴅᴊ. Sᴀᴠᴀʀʏ : Mais dites-moi, qu'est-ce que c'est que ces traces de pas dans la terre ?

– *Voyez le croquis des lieux* ▷ 81 ▷ 304
– *Continuez* ▷ 304

Mᴸᴸᴇ Bᴀʀʙɪɴ : Je ne sais pas, brigadier, c'est peut-être les miennes ; le jour de la mort d'Eusèbe, j'avais bêché et planté des rosiers.

Aᴅᴊ. Sᴀᴠᴀʀʏ : À cette saison ?

Mᴸᴸᴇ Bᴀʀʙɪɴ : Oui, des rosiers d'hiver ; j'ai même eu du mal à bêcher le sol car il fait déjà froid et la terre est dure.

Continuez ▷ 305

305 ADJ. SAVARY : Un instant.

On distingue nettement deux sortes d'empreintes : des traces de bottes visiblement et des empreintes de souliers de femme, avec des hauts talons. Ce sont les vôtres ?

MLLE BARBIN : Non, j'avais mis des sabots de jardinage ; d'ailleurs je ne porte que des talons plats.

ADJ. SAVARY : Et Mlle Martinet ?

MLLE BARBIN : Elle aussi, des mocassins ou des bottillons de montagne.

Continuez ▷ *306*

---

306 ADJ. SAVARY : Courage, Mathieu, on touche au but.

MATHIEU : Maintenant on sait qui était Eusèbe, mais qui a voulu le tuer et pourquoi ? Angelo, les Trochu, l'infirmière, Leplat, l'institutrice, la fausse gitane ? Vous devez avoir votre idée, chef...

ADJ. SAVARY : En effet, pour chacun d'entre eux, Eusèbe pourrait être un obstacle ou un danger ; mais nous avons un élément nouveau...

MATHIEU : Ah oui ?

Continuez ▷ *307*

---

307 ADJ. SAVARY : Et même un indice de taille : les traces de pas voyons !

Je voudrais bien savoir qui se promène la nuit à La Voulte, avec des talons de huit centimètres !

MATHIEU : Et puis ils étaient deux, il y a les empreintes de bottes...

ADJ. SAVARY : Celles-là, ça n'est pas un mystère !

MATHIEU : Qu'est-ce qu'on fait alors ?

ADJ. SAVARY : On finit le deuxième tour, les Trochu, la Marie, Pilar...

– *M. Trochu*   ▷ *308*
– *Mme Trochu*   ▷ *309*
– *La Marie*   ▷ *310*
– *Pilar*   ▷ *311*

Si vous les avez interrogés ▷ *343*

ADJ. SAVARY : Cette fois, Trochu, plus la peine de nous 308
raconter des histoires de manivelle ; nous connaissons
vos allées et venues du soir de la mort d'Eusèbe. Il
paraît que vous avez fait quelques visites. Où êtes-vous
allé ?

TROCHU : C'est ça qu'on vous a dit ?

ADJ. SAVARY : Répondez, c'est moi qui pose les questions.

TROCHU : Eh bien oui, cette histoire du parc me trottait
dans la tête ; je suis allé parler aux demoiselles du
chalet.

Allez ▷ 312

Mme Trochu n'est pas là ; elle est partie faire des courses 309
à Visson.

– Trochu ▷ 308
– La Marie ▷ 310
– Pilar ▷ 311

Si vous les avez interrogés tous les trois ▷ 343

ADJ. SAVARY : Marie, la dernière fois, vous nous avez dit 310
qu'après votre avortement, Mme Trochu avait été plus
gentille avec vous, qu'elle avait commencé à vous
donner un petit salaire.
C'est bien cela ?

MARIE : Oui monsieur.

ADJ. SAVARY : Le lendemain de la nuit où vous avez perdu
votre enfant ?

Allez ▷ 330

ADJ. SAVARY : Vous vous êtes bien fichue de nous, 311
mademoiselle Dubois.

PILAR : S'il vous plaît, brigadier, appelez-moi Pilar.

ADJ. SAVARY : Vos allusions de l'autre jour du genre :
« vous devriez le savoir », c'est parce que, le soir de la
mort d'Eusèbe, vous étiez à Briançon où la gendarmerie
vous a arrêtée et ne vous a relâchée que le lendemain
matin...

Allez ▷ 336

312 ADJ. SAVARY : D'abord Mlle Martinet, ensuite Mlle Barbin ?

TROCHU : C'est ça, oui.

ADJ. SAVARY : Récapitulons : à huit heures cinq, vous sortez de chez vous et vous échangez quelques mots avec Mme Carreau. Ensuite... ?

TROCHU : Ensuite, j'ai fait quelques pas dans le chemin ; j'avais l'impression qu'on m'espionnait : la Carreau, et peut-être bien aussi la mère Trochu.

Continuez ▷ 313

---

313 ADJ. SAVARY : Et ensuite vous êtes allé chez Mlle Martinet...

TROCHU : Vous devez le savoir, puisque vous êtes si bien renseigné.

ADJ. SAVARY : Quelle heure était-il quand vous êtes entré chez elle ?

TROCHU : Cinq, six minutes plus tard.

ADJ. SAVARY : Disons huit heures un quart. Par où êtes-vous entré ?

TROCHU : Par l'escalier de bois qui donne sur la route.

– *Voyez le croquis* ▷ 81 ▷ 314
– *Continuez*   ▷ 314

---

314 ADJ. SAVARY : Vous étiez chaussé comment ce soir-là ?

TROCHU : J'avais mis mes souliers.

ADJ. SAVARY : Ah oui, pourquoi ?

TROCHU : Ben, je voulais causer aux demoiselles, je pouvais pas y aller comme on va aux champs.

ADJ. SAVARY : Combien de temps êtes-vous resté chez Mlle Martinet ?

Continuez ▷ 315

---

315 TROCHU : Jusqu'à neuf heures ; je le sais : j'ai regardé ma montre ; je voulais parler à l'autre demoiselle avant qu'elle se couche.

ADJ. SAVARY : De quoi avez-vous parlé avec Mlle Martinet ? Vous êtes au mieux avec elle, il paraît...

TROCHU : Mlle Martinet, elle est du pays, elle comprend les choses ; et puis je voulais la remercier.

Adj. Savary : Parce que son oncle soutient votre candidature, je suis au courant. Vous êtes donc resté chez Mlle Martinet jusqu'à neuf heures ; ensuite vous êtes allé voir Mlle Barbin ; vous êtes descendu par l'escalier intérieur ?

Continuez ▷ 316

Trochu : Non, je suis ressorti par l'extérieur et je suis **316** entré chez Mlle Barbin par la cuisine qui donne sur le jardin.

Adj. Savary : À quelle heure ?

Trochu : Je vous l'ai dit, neuf heures, neuf heures cinq.

Adj. Savary : Est-ce que vous vous êtes approché des fenêtres ?

Trochu : Non, j'ai frappé à la porte vitrée de la cuisine, Mlle Barbin était là, elle m'a dit d'entrer.

– *Voyez le croquis* ▷ 81 ▷ 317
– *Continuez*   ▷ 317

Adj. Savary : Et vous êtes resté combien de temps ? **317**

Trochu : Une petite heure. Il finissait de sonner dix heures quand je suis rentré à la ferme.

Adj. Savary : Et vous avez parlé de quoi avec Mlle Barbin ? Du parc régional ?

Trochu : Ben, toujours de la place, je voulais qu'elle dise un mot pour moi à M. Leplat, vu qu'elle est tellement bien avec lui...

Continuez ▷ 318

Adj. Savary : Ça s'est bien passé ? **318**

Trochu : Pas tellement ; au début, oui, on a causé tranquillement ; elle m'a proposé un petit verre, et puis ensuite je me suis énervé.

Adj. Savary : Ah oui, pourquoi ?

Trochu : Parce qu'elle me promettait rien de précis ; elle prétendait qu'elle pouvait rien réclamer à M. Leplat ; alors je me suis fâché.

Continuez ▷ 319

319 Adj. Savary : Et vous l'avez fait chanter avec Eusèbe...

Trochu : Chanter, ne dites pas ça, brigadier ; je lui ai dit que, puisqu'elle pouvait pas m'aider, j'étais pas forcé non plus d'aider ce bon à rien d'Eusèbe et que j'allais le foutre à la porte.

Continuez ▷ *320*

---

320 Adj. Savary : Parce que vous saviez qui était Eusèbe, n'est-ce pas ?

Trochu : On prend toujours les paysans pour des imbéciles ; ça fait longtemps que j'avais compris.

Adj. Savary : Qu'Eusèbe était le fils de M. Leplat et de Mlle Barbin ?

Trochu : C'est ça, oui ; mais je l'avais dit à personne ! Pas même à la mère Trochu ; alors venez pas parler de chantage ; si j'avais voulu, j'aurais pu le faire plus tôt.

Continuez ▷ *321*

---

321 Adj. Savary : Comment a-t-elle réagi quand vous avez menacé de renvoyer Eusèbe ?

Trochu : Elle s'est mise à pleurer, elle a crié qu'on pouvait pas faire ça à leur enfant.

Adj. Savary : Vous souvenez-vous exactement de ce qu'elle a dit à ce moment-là ?

Trochu : Je viens de vous le dire. Elle m'a dit : « Écoutez Trochu, vous ne pouvez pas faire ça à notre enfant ! »

Continuez ▷ *322*

---

322 Adj. Savary : Et ensuite ?

Trochu : Ensuite, eh ben, je suis pas un mauvais homme, et puis, je lui voulais pas de mal à l'idiot ; je lui ai dit qu'il fallait qu'elle comprenne, que c'était des mots comme ça ; elle aussi s'est calmée, elle a promis qu'elle demanderait à Leplat d'accepter ma candidature. Alors je suis rentré à la ferme ; comme je vous l'ai dit, dix heures finissaient de sonner.

Adj. Savary : Vous y avez trouvé Mme Trochu ?

Continuez ▷ *323*

Trochu : La mère était déjà au lit ; elle m'a dit : « C'est **323**
à cette heure-ci que tu rentres ! » J'y ai répondu de
me foutre la paix et je me suis couché.

Adj. Savary : Vous n'avez rien remarqué de particulier ?

Trochu : Non, sauf que la porte du grenier était restée
ouverte ; je l'ai fermée à cause des souris ; je suis allé
aux toilettes et je me suis couché.

Continuez ▷ *324*

Adj. Savary : Qu'est-ce qu'il y a au grenier ? **324**

Trochu : Rien de spécial, des meubles cassés et une ou
deux malles pleines de vieilleries.

Continuez ▷ *325*

Adj. Savary : Revenons à votre visite à Mlle Barbin. Elle **325**
vous a offert un verre de gentiane. Où l'a-t-elle prise
la bouteille ?

Trochu : Sur la fenêtre de la cuisine : c'est là qu'elle met
les choses au frais.

Adj. Savary : C'était bien la bouteille brune, celle que
vous lui aviez donnée ?

Trochu : Oui, à preuve que je suis encore là à vous
parler ; je vous garantis qu'elle est bonne...

Continuez ▷ *326*

Adj. Savary : Est-ce que vous vous souvenez de ce qu'elle **326**
a fait de la bouteille après vous avoir servi ?

Trochu : Elle en a pris un petit verre aussi et elle l'a
remise sur la fenêtre ; je l'ai remarqué parce que chez
nous, quand on a de la visite, on laisse la bouteille
sur la table.

Continuez ▷ *327*

Adj. Savary : Et vous vous souvenez de l'heure qu'il était **327**
à ce moment-là ?

Trochu : Précisément non, mais c'était avant qu'on se
dispute, il devait être neuf heures et demie.

Continuez ▷ *328*

328 Adj. Savary : Une dernière question Trochu : vous faites de l'élevage ?

Trochu : Non, avec les vaches on fait du lait.

Adj. Savary : Pas de veaux ?

Trochu : De temps en temps, mais je les garde pas.

Adj. Savary : Qu'est-ce que vous en faites ?

Trochu : À part un ou deux que je garde pour moi, je les vends tout petits, c'est d'un meilleur rapport.

Continuez ▷ *329*

---

329 Adj. Savary : À qui ?

Trochu : À des éleveurs industriels du bas de la vallée.

Adj. Savary : À la société V.I.F. ?

Trochu : C'est ça.

Adj. Savary : Et ceux que vous gardez, vous ne les nourrissez pas aux anabolisants ?

Trochu : Vous plaisantez, avec les pâturages qu'on a ici, on n'a pas besoin de ça !

– *Mme Trochu* ▷ *309*
– *La Marie* ▷ *310*
– *Pilar* ▷ *311*

Si vous les avez interrogés ▷ *343*

---

330 Marie : Attendez que je me souvienne ; non le salaire, ça a été un mois plus tard ; elle m'a répété de ne parler de rien et que la vie serait plus facile pour moi...

Continuez ▷ *331*

---

331 Adj. Savary : D'autre part, vous avez précisé que le soir de la mort d'Eusèbe, vous vous êtes endormie de bonne heure, mais qu'avant dix heures vous avez été réveillée en entendant grincer la barrière.

Marie : Oui.

Adj. Savary : C'est bien la barrière qui donne sur la route qui grince ?

Marie : Oui.

Continuez ▷ *332*

ADJ. SAVARY : Vous l'avez entendue deux fois ? 332
MARIE : Oui.
ADJ. SAVARY : Et tout de suite après la première fois, vous avez aperçu Mme Trochu dans la cour...
MARIE : C'est ça.
ADJ. SAVARY : Donc elle était sortie !
MARIE : Peut-être bien.
ADJ. SAVARY : Et la deuxième fois ?
MARIE : Je l'ai dit, Trochu rentrait, juste à dix heures.

Continuez ▷ *333*

ADJ. SAVARY : Vous avez dit aussi que, quand vous avez 333 vu Mme Trochu dans la cour, elle vous a fait peur, « qu'elle se dandinait comme un fantôme ». Essayez de vous souvenir mieux que ça.
MARIE : C'est difficile, j'étais à moitié endormie ; il y avait un peu de clair de lune ; elle avait sa grande cape et se balançait bizarrement.

Continuez ▷ *334*

ADJ. SAVARY : Avant qu'elle parte, vous avez dit qu'elle 334 était nerveuse, qu'elle n'arrêtait pas d'aller et venir ; vous avez ajouté « de monter et de descendre ».
MARIE : Ben oui, de la cave au grenier ; je ne sais pas ce qu'elle avait.

Continuez ▷ *335*

ADJ. SAVARY : Avez-vous des chaussures à hauts talons ? 335
MARIE : Moi, non ; je vois pas ce que j'en ferais ni qui me les aurait payées.
ADJ. SAVARY : Et Mme Trochu ?
MARIE : Elle a toujours des vieilles bottines, la Trochu ; elle se laisse aller ; pas étonnant que le mari aille ailleurs ; c'est pas comme quand elle était jeune, regardez sa photo de mariage, une vraie dame !

    – *Trochu*   ▷ *309*
    – *Mme Trochu* ▷ *310*
    – *Pilar*   ▷ *311*

Si vous les avez interrogés ▷ *343*

336 PILAR : Je croyais que vous le saviez... C'est pour ça que j'ai répondu comme ça.

ADJ. SAVARY : Et quand vous avez juré que vous n'aviez vu personne sur le chemin, c'est tout simplement parce que vous n'étiez pas là ce soir-là ?

PILAR : D'accord, je me suis un peu moquée de vous l'autre jour ; mettez-vous à ma place, j'avais pas tellement envie de faciliter le travail à des gendarmes après ce qui m'était arrivé la veille ! En tout cas, j'ai un bon alibi, vous ne trouvez pas ?

Continuez ▷ 337

---

337 ADJ. SAVARY : J'ai quand même bien envie de vous arrêter

PILAR : Je ne comprends pas.

ADJ. SAVARY : Pour votre jus d'orange, ou plus exactement de fausse orange, d'amanite tue-mouches !

PILAR : Mais la Marie n'en est pas morte !

ADJ. SAVARY : La Marie, non, mais Eusèbe oui.

Continuez ▷ 338

---

338 PILAR : Vous n'allez pas m'accuser, brigadier, je n'y suis pour rien. Quand Mme Trochu est venue me voir, il y a quatre ans, je lui ai juste donné un peu de poudre de fausses oranges séchées, en lui disant d'en mélanger une petite pincée dans une tasse avec de l'eau de vie. C'est un vieux truc des gitans : à très petite dose, ça ne provoque que quelques grosses contractions qui déclenchent l'avortement.

Continuez ▷ 339

---

339 ADJ. SAVARY : Mme Trochu vous a raconté ce qui s'était passé ?

PILAR : Oui, elle est revenue me voir deux jours après, m'a dit que tout était arrangé mais qu'elle avait eu drôlement peur d'en avoir trop mis ; je lui ai expliqué à elle aussi et je lui ai dit qu'elle avait eu bien de la chance de ne pas tuer la Marie.

Continuez ▷ 340

ADJ. SAVARY : Vous lui avez expliqué pourquoi ?　　　　**340**
PILAR : Ce que je viens de vous dire : les propriétés de la
　　fausse oronge. Mais encore une fois, Mme Trochu n'a
　　jamais eu l'intention d'empoisonner Marie ; elle était
　　beaucoup plus furieuse après son homme.
ADJ. SAVARY : On en trouve facilement des fausses oronges
　　dans le coin ?
PILAR : Dans les bois, il n'y a qu'à se baisser pour en
　　ramasser...

Continuez ▷ *341*

ADJ. SAVARY : Avez-vous des chaussures à talons hauts ?　**341**
PILAR : Bien sûr, quand je descends au chef-lieu ou à
　　Briançon, je m'habille en Carmen : quelquefois je danse
　　le flamenco aux terrasses des cafés et dans les fêtes
　　foraines. Vous devriez me voir quand je suis sur mon
　　trente et un, j'ai de l'allure : une robe andalouse à
　　volants et des souliers vernis avec des talons hauts
　　comme ça !

Continuez ▷ *342*

ADJ. SAVARY : Et vous les aviez mis, l'autre soir ?　　　**342**
PILAR : Je viens de vous le dire ; vous n'avez qu'à
　　demander à vos collègues qui m'ont arrêtée.

　　　　　　　－ *Trochu*　　　　▷ *308*
　　　　　　　－ *Mme Trochu* ▷ *309*
　　　　　　　－ *La Marie*　　 ▷ *310*

Si vous les avez interrogés ▷ *343*

MATHIEU : Chef, Mme Trochu n'est pas encore rentrée,　**343**
　　qu'est-ce qu'on fait ?
ADJ. SAVARY : On la verra cet après-midi ; je rentre à la
　　gendarmerie réfléchir un peu. Vous allez jeter un coup
　　d'œil au grenier des Trochu : j'aimerais savoir ce qu'il
　　y a dans les malles.
　　Et puis, faites un relevé précis des empreintes dans le
　　jardin de Mlle Barbin ; celles de la plate-bande devant
　　la fenêtre m'intéressent tout particulièrement.

Continuez ▷ *344*

344 ADJ. SAVARY : Alors, Mathieu, vous avez trouvé quelque chose ?

MATHIEU : Pas grand-chose de plus pour les empreintes ; il n'y en a pas d'autres ailleurs que devant la fenêtre.

ADJ. SAVARY : Ça se comprend ; avec le froid qu'il fait déjà la nuit, le sol est dur et sec, sauf à l'endroit qu'avait bêché Mlle Barbin.

Continuez ▷ 345

---

345 ADJ. SAVARY : Et devant la fenêtre ?

MATHIEU : Comme vous l'aviez dit, chef, des empreintes de souliers de femme à hauts talons, recouvertes par endroit par des empreintes plus grandes, vraisemblablement de grosses bottes en caoutchouc.

Continuez ▷ 346

---

346 ADJ. SAVARY : Et dans les malles du grenier ?

MATHIEU : Rien de bien intéressant : des vieilles affaires, comme a dit le père Trochu, des vieux habits, la robe de mariée de la mère Trochu, le voile, le costume quoi...

ADJ. SAVARY : Et vous dites que ça n'est pas intéressant ! Tenez il y a le téléphone qui sonne, allez répondre.

Continuez ▷ 347

---

347 MATHIEU : Vite, chef, il y a du nouveau à La Voulte ; il y a un autre mort !

ADJ. SAVARY : Calmez-vous, Mathieu. Qui ça ?

MATHIEU : Le Dr Lepic...

ADJ. SAVARY : Lepic est mort ?

Continuez ▷ 348

---

348 MATHIEU : Non, c'est le docteur qui téléphonait ; le mort c'est un nommé Claude je ne sais quoi... On entendait mal, il y avait de la friture sur la ligne. Au fait qui ça peut être ce citoyen-là ?

ADJ. SAVARY : C'est tout ce qu'on vous a dit ?

MATHIEU : Oui, enfin non, le docteur a dit qu'on l'a trouvé empoisonné, probablement avec la même saloperie qu'Eusèbe... Faut qu'on y aille tout de suite, chef !

Continuez ▷ 349

ADJ. SAVARY : C'est bon, Mathieu, on va y aller, mais on **349** n'est plus pressé maintenant.
MATHIEU : Comment ça, chef ?
ADJ. SAVARY : J'ai tout compris et l'affaire de La Voulte est terminée.

Continuez ▷ 350

Si vous avez suivi attentivement l'enquête, vous devez **350** maintenant tirer les mêmes conclusions que l'adjudant Savary et pouvoir répondre aux questions :

      – *Qui est coupable de la mort d'Eusèbe ?* ▷ 351
      – *Pourquoi ?* ▷ 352
      – *Qui est la deuxième victime ?* ▷ 353

Indiquez le *coupable* dans la liste suivante : **351**

Angelo	Mlle Martinet
Mlle Barbin	Michel
Mme Carreau	Personne
Dr Lepic	Pilar
M. Leplat	Trochu
La mafia	Mme Trochu
Marie	

    – *Quand vous aurez répondu* ▷ 352
    – *Si vous ne trouvez pas* ▷ 354

Indiquez le *mobile* dans la liste suivante : **352**

par vengeance	par ambition
par haine	par humanité
par erreur	pour faire accuser
pour se protéger	quelqu'un d'autre
par intérêt	pour une autre raison

    – *Quand vous aurez répondu* ▷ 353
    – *Si vous ne trouvez pas* ▷ 354

353 Indiquez qui est la *deuxième victime* dans la liste suivante ?

Angelo	Mlle Martinet
Mlle Barbin	Michel
Mme Carreau	Pilar
Dr Lepic	Trochu
M. Leplat	Mme Trochu
Marie	

*Quand vous aurez répondu
ou si vous ne trouvez pas* ▷ 354

---

354 Si vous n'avez pas trouvé, nous vous donnons encore une chance et quelques indices décisifs : voici la conversation entre l'adjudant et Mathieu dans la voiture qui les ramène à La Voulte.

ADJ. SAVARY : Conduisez plus lentement, Mathieu ; je vous le dis : l'affaire est finie.

MATHIEU : Mais la deuxième victime, chef ?

ADJ. SAVARY : Relisez la note 164 et vous y trouverez son nom.

Allez ▷ 164 ▷ 355

---

355 MATHIEU : Alors c'est Mme Trochu !

ADJ. SAVARY : Oui, quand elle a su que vous aviez examiné le contenu des malles, elle a compris que nous savions et s'est suicidée.

MATHIEU : Pourquoi donc ?

ADJ. SAVARY : C'est vous qui me l'avez dit, Mathieu ; dans une des malles, il y avait une toilette complète de mariée...

MATHIEU : En effet, mais je ne vois pas...

Continuez ▷ 356

---

356 ADJ. SAVARY : Donc des souliers à hauts talons.

MATHIEU : Oui chef, mais je les ai bien regardés : tout neufs, pas un grain de poussière, comme si...

ADJ. SAVARY : Comme si on venait de les essuyer ! Les avez-vous examinés de près ?

Continuez ▷ 357

MATHIEU : Oui chef, à la loupe, comme Sherlock Holmes ;
pas un grain de poussière, juste une sorte de poil roux
coincé dans la semelle d'un des souliers. Faudra
l'envoyer au labo...

ADJ. SAVARY : Félicitations, Mathieu, c'est plus qu'un indice,
c'est une preuve.

Mais est-ce que vous voulez que je vous dise d'où
vient ce poil ?

MATHIEU : Vous le savez, chef ?

ADJ. SAVARY : Élémentaire mon cher Mathieu, relisez la
note 82.

Allez ▷ *82* ▷ *358*

Pas si élémentaire que ça ! Vous avez le choix entre
deux solutions :

– Solution 1 : *la mort d'un innocent,*
– Solution 2 : *une machination diabolique.*

– *Solution 1* ▷ *359*
– *Solution 2* ▷ *400*

Vous savez maintenant que l'assassin est *Mme Trochu*,
née *Claude* Bouchard.

C'est elle qui a substitué la bouteille de gentiane sur la
fenêtre de Mlle Barbin et l'a remplacée par une bouteille
empoisonnée.

Elle voulait empoisonner Mlle Barbin et même peut-être
Trochu par vengeance et par jalousie.

Mais elle est cause de la mort d'Eusèbe *par erreur.* Celui-
ci passant par là a chapardé la bouteille, s'est caché
dans la cabane pour la boire et en est mort.

Continuez ▷ *360*

Si vous avez fait les mêmes déductions que l'adjudant
Savary, vous saurez également comment tout cela s'est
passé.

Relisez vos notes avec Mathieu et vous saurez tout.

Continuez ▷ *361*

361 MATHIEU : Donc Eusèbe est mort par accident.

ADJ. SAVARY : C'est exact, mais en buvant une bouteille de gentiane empoisonnée par une main criminelle, qui l'a placée sur la fenêtre de Mlle Barbin. Je m'en suis douté assez vite ; on nous l'a répété plusieurs fois : il chapardait et il buvait ; deux et deux font quatre ; il chapardait pour boire, il a malheureusement volé une bouteille qui ne lui était pas destinée.

Continuez ▷ 362

---

362 MATHIEU : Mais les empreintes, il y avait deux personnes ?

ADJ. SAVARY : En effet, celles d'une femme portant des souliers à talons, Mme Trochu, ensuite des empreintes de grosses bottes en caoutchouc qui ont par endroit recouvert les premières empreintes, les bottes d'Eusèbe.

MATHIEU : Ça aurait pu être celles de Trochu, d'Angelo ou de Michel.

– *Vérifiez*　　▷ 345 ▷ 363
– *Continuez*　　　　　　▷ 363

---

363 ADJ. SAVARY : Non ; ce soir-là Trochu avait mis ses souliers du dimanche ; Angelo et Michel ne sont pas montés au col avec des bottes en caoutchouc ; restait Eusèbe.

MATHIEU : Et les souliers à talons, comment avez-vous deviné ?

ADJ. SAVARY : Même raisonnement : nous avons appris que ni Mlle Barbin ni Mlle Martinet ne mettaient de hauts talons ; Mme Carreau non plus à cause de sa hanche, ni Marie parce qu'elle est trop pauvre. Restaient Pilar et Mme Trochu.

– *Vérifiez* ▷ 3 ▷ 160 ▷ 252 ▷ 305 ▷ 335 ▷ 364
– *Continuez*　　　　　　　　　　　　　▷ 364

---

364 MATHIEU : Moi, j'ai pensé tout de suite à Pilar.

ADJ. SAVARY : Moi aussi, c'est d'ailleurs pour la faire soupçonner que Mme Trochu a ressorti ses souliers ; mais Pilar, ce soir-là, était à Briançon avec ses hauts talons ; il ne restait donc que Mme Trochu.

En outre, nous avions plusieurs indices qui m'ont mis sur la bonne voie.

    – *Vérifiez*   ▷ *230* ▷ *231* ▷ *365*
    – *Continuez*   ▷ *365*

MATHIEU : Lesquels ?   **365**

ADJ. SAVARY : On nous a souvent indiqué que Mme Trochu avait été une belle femme. Rappelez-vous ce qu'a dit Mme Carreau : belle et même élégante ; rappelez-vous aussi la photo de mariage ; et puis il y a le témoignage de Marie : la nuit où elle l'a vue dans la cour de la ferme, « qui se dandinait comme un fantôme » et « qui se balançait bizarrement ». Vous comprenez pourquoi ?

  – *Vérifiez*   ▷ *103* ▷ *148* ▷ *333* ▷ *335* ▷ *366*
  – *Continuez*   ▷ *366*

MATHIEU : Pas tellement ; j'ai pensé que la Marie dormait **366**
à moitié et qu'elle avait trop d'imagination.

ADJ. SAVARY : Pas du tout ; la Marie a très bien observé une femme qui essaie de marcher avec des hauts talons alors que depuis des années elle ne met plus que de vieilles bottines ou des sabots.

               – *Vérifiez*   ▷ *335* ▷ *367*
               – *Continuez*   ▷ *367*

MATHIEU : Mais comment avez-vous pensé au grenier ? **367**

ADJ. SAVARY : C'est la Marie et Trochu qui m'ont mis sur la piste ; rappelez-vous, après le souper, Mme Trochu est nerveuse, elle va elle vient, elle monte et descend dans toute la maison, de la cave au grenier. Que fait-elle en réalité ? Elle va chercher le poison à la cave et les souliers au grenier. Quand elle remet ses chaussures dans la malle avant que Trochu n'arrive, elle laisse la porte du grenier entrouverte. Trochu referme la porte à cause des souris avant d'aller se coucher.

– *Vérifiez* ▷ *146* ▷ *323* ▷ *324* ▷ *334* ▷ *356* ▷ *368*
– *Continuez*   ▷ *368*

368   MATHIEU : Il y a une chose que je ne comprends pas : pourquoi on n'a pas trouvé de traces ailleurs ?

ADJ. SAVARY : Parce qu'il fait très sec et que le sol est dur : la météo, mon cher Mathieu ! Mlle Barbin nous l'a dit aussi ; le seul endroit où il y a des traces de pas, c'est la plate-bande devant la fenêtre : la terre y était meuble parce que l'institutrice avait planté des rosiers en fin d'après-midi.

– *Vérifiez* ▷ 5 ▷ 79 ▷ 243 ▷ 304 ▷ 305 ▷ 369
– *Continuez*   ▷ 369

---

369   MATHIEU : Mais comment la mère Trochu le savait-elle ?

ADJ. SAVARY : Bonne question, cela m'a embarrassé également jusqu'au moment où j'ai compris.

Mme Trochu est allée *deux fois* dans le jardin des demoiselles : une première fois vers neuf heures et demie ; une deuxième fois un peu avant dix heures.

MATHIEU : Expliquez-moi, chef.

Continuez ▷ 370

---

370   ADJ. SAVARY : J'ai d'abord compris que Mme Trochu était sortie à cause de cette histoire de barrière qui grinçait d'après la Marie.

MATHIEU : Mais elle ne l'a entendue que deux fois !

ADJ. SAVARY : Parce qu'auparavant la Marie s'était endormie ; je vais vous dire ce qui s'est passé dans l'ordre.

– *Vérifiez*   ▷ 147 ▷ 331 ▷ 332 ▷ 371
– *Continuez*   ▷ 371

---

371   ADJ. SAVARY : Remontons dans le temps. Il y a vingt-cinq ans, Trochu épouse Claude Bouchard, fille d'un riche fermier. Le couple n'a pas d'enfants ; Trochu accepte il y a dix ans, sur la proposition de Mme Carreau et de Leplat, d'accueillir un handicapé mental léger, Eusèbe ; Leplat verse un peu d'argent ; en grandissant Eusèbe deviendra garçon de ferme...

– *Vérifiez*   ▷ 103 ▷ 165 ▷ 372
– *Continuez*   ▷ 372

ADJ. SAVARY : ... Les années passent, le couple vieillit ; **372**
Trochu reste bel homme, actif et entreprenant ;
Mme Trochu vieillit et s'aigrit ; elle soupçonne Trochu
d'aller ailleurs ; Trochu a engrossé une fille de
l'Assistance, qu'a également recueillie le couple, et a
une liaison avec une des demoiselles des chalets :
Mme Trochu ne sait pas laquelle, mais les soupçonne
toutes les deux. Dans sa jalousie, elle en vient à se
poser des questions sur Eusèbe, cet « enfant de putain »...

    – *Vérifiez*   ▷ 165 ▷ 166 ▷ 373
    – *Continuez*   ▷ 373

ADJ. SAVARY : ... Eusèbe ne serait-il pas un enfant de **373**
Trochu et d'une voisine de La Voulte ? L'avortement
de Marie lui donne des idées ; elle se rend parfaitement
compte que la potion que lui a donnée Pilar est, à
forte dose, un poison violent ; elle n'a pas été dupe de
l'histoire du chien ; pour en être sûre, elle a d'ailleurs
demandé à Lepic, notez bien pas à Leplat, de faire des
analyses... Elle s'assure de la discrétion de Marie en la
rétribuant et en lui promettant le silence, en réalité
pour s'assurer du sien...

– *Vérifiez* ▷ 152 ▷ 153 ▷ 260 ▷ 261 ▷ 330 ▷ 374
– *Continuez*   ▷ 374

ADJ. SAVARY : ... Elle se renseigne également auprès de **374**
Pilar sur les champignons vénéneux et leurs propriétés :
le moment venu, elle saura elle-même préparer un
mélange mortel avec les fausses oronges qu'on trouve
en abondance dans la sapinière.
Les années passent et les relations du couple se
détériorent encore. Mme Trochu soupçonne à juste titre
son mari et Angelo qu'elle déteste de manigancer à
son insu des affaires plus ou moins louches, jusqu'au
jour où elle apprend le projet de Trochu...

   – *Vérifiez*   ▷ 338 ▷ 339 ▷ 340 ▷ 158 ▷ 375
   – *Continuez*   ▷ 375

375 ADJ. SAVARY : ... Trochu veut laisser la ferme en métayage à Angelo et se faire embaucher au parc régional. Elle lui fait une scène épouvantable, une semaine avant la mort d'Eusèbe.

Cette semaine-là, Trochu sort souvent le soir, sous des prétextes peu crédibles, parce qu'il ne cesse d'aller harceler ses voisins au sujet de l'emploi au parc ; Mme Trochu se sent trahie et spoliée...

– *Vérifiez*   ▷ 163 ▷ 164 ▷ 376
– *Continuez*   ▷ 376

376 ADJ. SAVARY : ... Folle de rancune et de jalousie, elle rumine une vengeance possible et prépare un concentré d'amanites tue-mouches qu'elle mélange à de la liqueur de gentiane dans une bouteille qu'elle prend dans la cave. Notez qu'étant daltonienne, elle ne fait pas la différence entre les bouteilles brunes dans lesquelles Trochu met la gentiane et les vertes destinées à l'eau de vie ; elle prend par erreur une bouteille verte...

– *Vérifiez*   ▷ 258 ▷ 168 ▷ 377
– *Continuez*   ▷ 377

377 ADJ. SAVARY : ... Nous arrivons au soir de la mort d'Eusèbe. Mme Trochu n'est pas plus dupe que nous de l'histoire de la manivelle oubliée dans le pâturage, d'autant plus que Trochu a mis ses souliers du dimanche pour sortir. Elle va et vient dans la ferme pour surveiller Trochu par la fenêtre, elle sort même dans la cour sous prétexte de donner des restes aux cochons, tâche qui incombe habituellement à Marie...

– *Vérifiez*   ▷ 160 ▷ 159 ▷ 154 ▷ 378
– *Continuez*   ▷ 378

378 ADJ. SAVARY : ... Celle-ci a préféré aller se coucher ; les autres hommes sont partis. Mme Trochu voit son mari parler à Mme Carreau puis entrer au chalet des demoiselles ; elle décide d'en avoir le cœur net, met sa cape et va jeter un coup d'œil ; elle arrive juste à temps pour voir Trochu sortir de chez Thérèse Martinet et rentrer par derrière chez Mlle Barbin, ce qui confirme tous ses fantasmes de jalousie ; rappelez-vous : « Trochu est un bouc, il va avec toutes... »

– *Vérifiez*   ▷ *161* ▷ *312* ▷ *313* ▷ *316* ▷ *379*
– *Continuez*   ▷ *379*

Adj. Savary : ... Il est un peu plus de neuf heures ; **379** Mme Trochu cachée derrière la porte du jardin espionne son mari et l'institutrice ; elle ne comprend pas ce qu'ils disent, parce que Mlle Barbin a ouvert la télé un peu fort pour que Thérèse ne puisse pas entendre la conversation. Mais elle les voit boire un verre ensemble. La mère Trochu est folle de rage...

– *Vérifiez*   ▷ *297* ▷ *318* ▷ *325* ▷ *380*
– *Continuez*   ▷ *380*

Adj. Savary : ... Et voilà qu'elle entend la phrase ambiguë **380** qui va la pousser au meurtre, parce que Mlle Barbin l'a criée sous le coup de l'émotion : « Trochu, Eusèbe est notre enfant ! »
Cette phrase qui pour elle explique tout — Eusèbe est le bâtard de Trochu avec Mlle Barbin — va déclencher l'envie de tuer.

Mathieu : De tuer Eusèbe ?

Adj. Savary : Non, pas Eusèbe, celle qu'elle croit sa rivale, Geneviève Barbin, et éventuellement son mari.

– *Vérifiez*   ▷ *298* ▷ *321* ▷ *381*
– *Continuez*   ▷ *381*

Adj. Savary : ... Mais elle est rusée ; elle a remarqué **381** devant la fenêtre le carré de terre fraîchement remuée et la bouteille que Mlle Barbin a replacée sur le rebord. L'occasion est unique : elle va substituer la bouteille, mettre à la place le mélange empoisonné et laisser quelques indices truqués pour faire éventuellement accuser Trochu s'il survit, Pilar ou le Dr Lepic...

– *Vérifiez*   ▷ *301* ▷ *302* ▷ *325* ▷ *326* ▷ *382*
– *Continuez*   ▷ *382*

382 ADJ. SAVARY : ... Elle court chez elle, descend dans la cave où elle prend en hâte la bouteille empoisonnée : notez qu'elle n'a pas complètement gratté l'étiquette, toujours pour faire accuser Trochu ; elle monte également au grenier chercher ses souliers de mariée qui ont des talons comme ceux de Pilar : c'est le remue-ménage « de la cave au grenier » qu'a entendu Marie dans son demi-sommeil. Elle court à nouveau jusqu'au jardin de Mlle Barbin, s'approche de la fenêtre à travers la plate-bande qu'elle piétine et fait l'échange des bouteilles...

         – Vérifiez ▷ 303 ▷ 304 ▷ 132 ▷ 383
         – Continuez ▷ 383

383 ADJ. SAVARY : ... En revenant, elle jette par-dessus la haie la bouteille inoffensive dans le jardin du Dr Lepic, rentre à la ferme en faisant grincer la barrière, traverse la cour en se dandinant comme elle peut sur ses hauts talons dont elle a perdu l'habitude. Elle monte rapidement au grenier, où elle remet ses souliers dans la malle après les avoir essuyés le mieux possible, et se couche juste à temps avant le retour de Trochu...

         – Vérifiez ▷ 64 ▷ 148 ▷ 323 ▷ 356 ▷ 384
         – Continuez ▷ 384

384 ADJ. SAVARY : ... Elle n'a oublié qu'une chose : de bien refermer la porte du grenier qui est restée entrouverte, mais que Trochu referme sans se poser de questions.
MATHIEU : Et Eusèbe ?
ADJ. SAVARY : Eusèbe a suivi Angelo ; il est sans malice et sans rancune ; il va à la scierie où Angelo et Michel sont en train de discuter du col ; mais les deux amis ne veulent pas s'embarrasser d'Eusèbe, surtout Angelo qui a déjà eu des ennuis à cause d'un bavardage du garçon...

         – Vérifiez ▷ 155 ▷ 156 ▷ 193 ▷ 194 ▷ 208 ▷ 385
         – Continuez ▷ 385

385 ADJ. SAVARY : ... Ils le font boire ; Eusèbe est probablement déjà ivre quand ils partent. Mais Eusèbe s'obstine à les suivre jusqu'au début du chemin. Là, Angelo se fâche ;

c'est le bruit de voix qu'a entendu Lepic vers dix
heures et demie ; Angelo frappe Eusèbe et le jette dans
le fossé. Eusèbe a peur : il s'enfuit à travers la haie
dans le jardin...

- *Voyez le croquis*   ▷   81 ▷   386
- *Faites vérifier la haie*   ▷ 471 ▷   386
- *Vérifiez*   ▷ 204 ▷ 209 ▷   70 ▷ 386

Adj. Savary : ... Il veut peut-être aller chez Mlle Barbin,   **386**
qui est gentille avec lui et le soigne quand on l'a
battu. Mais l'institutrice vient d'éteindre. Sur le rebord
de la fenêtre il voit une bouteille, il la prend et va se
coucher dans la cabane à outils pour la boire. Vous
connaissez la suite.

      - *Vérifiez*   ▷   75 ▷ 124 ▷ 387
      - *Continuez*   ▷ 387

Mathieu : Et le poil du chat ?   **387**
Adj. Savary : Élémentaire ; Mme Trochu a soigneusement
essuyé ses souliers en pensant surtout aux traces de
terre. Elle n'a pas fait attention au poil de chat qui
est resté collé sur un des souliers, et pas n'importe
quel chat ! Le chat Ronron de Mlle Barbin appelé par
les enfants « Potiron » à cause de sa fourrure orange,
et dont on nous a dit qu'il perd ses poils sur les
coussins et les tapis que Mlle Barbin secoue parfois par
la fenêtre de la cuisine.

      - *Vérifiez*   ▷   82 ▷ 357 ▷ 388
      - *Continuez*   ▷ 388

Mathieu : Mais comment avez-vous compris qu'Eusèbe   **388**
était le fils de l'institutrice ?
Adj. Savary : Progressivement, à cause des coïncidences.
Au début, j'ai soupçonné Leplat, parce qu'il ne nous
avait pas téléphoné tout de suite et qu'il n'avait pas
parlé du poison.
Je me suis demandé aussi si Eusèbe n'était pas l'enfant
de Mme Carreau qui hésitait à nous renseigner.

      - *Vérifiez*   ▷ 47 ▷ 48 ▷ 100 ▷ 389
      - *Continuez*   ▷ 389

389 ADJ. SAVARY : Ce qui m'a mis sur la voie, c'est la remarque de Trochu sur les Français qui viennent manger le pain des gens du pays. Il y en avait trois : Leplat, Mlle Barbin et Eusèbe. En plus, ils sont apparus à La Voulte à la même époque : d'abord Leplat, ensuite Eusèbe et Mlle Barbin.

    – *Vérifiez*   ▷ 137 ▷ 30 ▷ 45 ▷ 58 ▷ 390
    – *Continuez*   ▷ 390

---

390 ADJ. SAVARY : Par ailleurs, Leplat et Mlle Barbin ont un autre point commun : tous deux ont interrompu leur carrière pour venir s'enterrer à La Voulte. Je sais bien que la montagne est belle, mais tout de même... !

    – *Vérifiez*   ▷ 228 ▷ 234 ▷ 391
    – *Continuez*   ▷ 391

---

391 ADJ. SAVARY : Autre coïncidence : la Normandie pour Leplat et Eusèbe. J'ai été déçu d'apprendre que Mlle Barbin venait de la région parisienne et que l'institution Saint-Vincent se trouvait à Paris, mais tout est devenu clair quand vous m'avez dit que l'orphelinat Sainte-Marie-des-Anges était à Bayeux. Je n'avais plus qu'à demander à Mlle Barbin si elle était allée en Normandie...

    – *Vérifiez*   ▷ 240 ▷ 241 ▷ 289 ▷ 290 ▷ 392
    – *Continuez*   ▷ 392

---

392 ADJ. SAVARY : ... Entre temps, une autre coïncidence avait attiré mon attention : l'attitude de Geneviève Barbin envers Eusèbe, celle, instinctive, d'Eusèbe envers sa mère. L'intérêt de Leplat pour Eusèbe m'avait également mis sur la voie, comme son souci d'avertir personnellement Mlle Barbin.
Mais l'indice décisif a été évidemment l'histoire de la péritonite d'Eusèbe et du groupe sanguin. Quand je pense que je n'ai pas demandé tout de suite à Lepic qui était le donneur !

    – *Vérifiez*   ▷ 60 ▷ 259 ▷ 393
    – *Continuez*   ▷ 393

MATHIEU : Vous n'avez pas soupçonné les Trochu ?   **393**
ADJ. SAVARY : Au début, si bien sûr ; la haine de la mère
    Trochu, les mensonges du mari étaient des pistes
    tentantes.
    Mais, en même temps, ils en faisaient trop, comme
    s'ils voulaient se charger l'un l'autre.
    Ce que je comprenais mal, c'était le problème des
    bouteilles.

                    – *Vérifiez*   ▷ 173 ▷ *394*
                    – *Continuez*   ▷ *394*

MATHIEU : J'avoue que je ne comprends toujours pas.   **394**
ADJ. SAVARY : L'important, Mathieu, était de savoir quel
    était l'indice le plus important : la ressemblance entre
    les deux bouteilles ou la différence.

                            Continuez ▷ *395*

MATHIEU : Ah oui, la verte et la brune...   **395**
ADJ. SAVARY : J'ai commencé à comprendre quand je les
    ai montrées à Mme Trochu et qu'elle a dit : « Elles sont
    pareilles, sauf qu'il y en a une avec une étiquette. »
    Lepic m'a donné l'explication quand il m'a appris
    qu'elle était daltonienne : elle ne perçoit pas la différence
    entre le brun et le vert...

                – *Vérifiez*   ▷ 168 ▷ 258 ▷ *396*
                – *Continuez*   ▷ *396*

MATHIEU : Ça alors !   **396**
ADJ. SAVARY : Seul le père Trochu les distinguait ; et voyez-
    vous, Mathieu, il a fallu un malheureux concours de
    circonstances pour que cette affaire fasse une victime.
    Le projet criminel de Mme Trochu ne pouvait pas
    réussir : Mlle Barbin aurait remarqué tout de suite la
    différence entre les bouteilles, surtout avec un dépôt
    suspect dans la bouteille verte.

                            Continuez ▷ *397*

397 Mathieu : En somme, c'est un crime idiot ?

Adj. Savary : À peine un crime, un accident idiot.

Mathieu : La mort d'un idiot.

Adj. Savary : Respectons la victime, Mathieu, *la mort d'un innocent...*

   – *Cette explication vous convient*   ▷ 398

   – *Vous pensez plutôt à une machination diabolique,*
   continuez   ▷ 401

---

398 Mathieu : Une dernière question, chef.
Est-ce que vous savez qui a laissé le billet sur notre pare-brise ?

Adj. Savary : Mlle Barbin ; elle voulait qu'on retrouve le ou les responsables de la mort de son fils.

Continuez ▷ 399

399

FIN

---

400 Lisez la solution 1, *la mort d'un innocent*, qui n'est qu'une solution apparente.

Retournez ▷ 359

---

401 Adj. Savary : Bon sang, Mathieu, les idiots, c'est nous !

Mathieu : Comment ?

Adj. Savary : Nous sommes tombés dans le piège. Et si Mme Trochu était innocente ?

Mathieu : Mais dans ce cas pourquoi se serait-elle suicidée ?

Adj. Savary : Bien sûr, pourquoi ?
Mais si la mort de Mme Trochu n'était pas un suicide mais...

Mathieu : *Un crime ?*

Adj. Savary : Parfaitement, et pas un crime idiot mais une machination diabolique...

Continuez ▷ 402

Mathieu : Vous parlez sérieusement, chef ?

402

Adj. Savary : Une machination où nous avons été constamment manipulés, amenés par un criminel génial à reconstituer morceau par morceau l'histoire d'un drame rural de la jalousie, qui commence par un accident et finit par le suicide du suspect, donc une affaire classée... alors qu'il s'agit bel et bien de deux assassinats soigneusement prémédités.

Mathieu : On continue l'enquête alors !

Adj. Savary : Oui, mais sans nous presser...

Continuez ▷ *403*

Adj. Savary : Demandons d'abord au Dr Lepic comment est morte Mme Trochu ; nous aviserons ensuite.

403

Mathieu : Vous soupçonnez quelqu'un, chef ?

Adj. Savary : Je soupçonne tout le monde...

Continuez ▷ *404*

Témoignage du Dr Lepic :

404

Le Dr Lepic est passé à la ferme à treize heures faire une piqûre à Mme Trochu comme chaque semaine. Elle se trouvait dans sa cuisine en train de mourir : elle venait de boire un grand verre de gentiane à la muscarine qu'elle s'était préparé après avoir appris, en rentrant de Visson, que le gendarme Mathieu avait fouillé dans la malle et trouvé ses chaussures de mariage.

Le Dr Lepic a tenté en vain de sauver Mme Trochu en lui faisant une piqûre d'atropine ; mais il était trop tard, Mme Trochu était morte.

Continuez ▷ *405*

À tout hasard, vous pouvez procéder à quelques vérifications :

405

     – *Vous interrogez Trochu et Marie Lecœur* ▷ *406*
     – *Vous demandez l'autopsie de Mme Trochu* ▷ *407*
     – *Vous vous renseignez sur l'atropine* ▷ *408*
     – *Vous voulez savoir ce que Mme Trochu*
      est allée faire à Visson ce matin-là ▷ *409*
     Après ces vérifications ▷ *410*

406 Trochu et Marie Lecœur confirment la déclaration du Dr Lepic sur la mort de Mme Trochu.

Retournez ▷ *405*

---

407 Mme Trochu est bien morte des suites d'un empoisonnement à la muscarine dont on a relevé une dose importante dans le sang de la victime...
Rien d'autre à signaler à l'exception d'une marque de piqûre intraveineuse.

– *Voyez commentaires* ▷ *411*
– *Retournez*   ▷ *405*

---

408 *Propriétés de l'atropine :*

Alcaloïde extrait de la belladone, l'atropine est un corps très toxique qui s'emploie en médecine comme anti-spasmodique et vaso-dilatateur.
À ce titre, l'atropine peut être utilisée comme traitement d'urgence d'un empoisonnement à la muscarine.

– *Retournez* ▷ *405*

---

409 Vous apprenez que, le matin de sa mort, Mme Trochu est descendue à Visson voir son notaire.
Elle lui a demandé si Trochu pouvait vendre ou louer la ferme sans son consentement ; le notaire l'a rassurée en lui faisant observer que, ayant un régime matrimonial de séparation des biens, Trochu ne peut pas disposer de la ferme que Mme Trochu a héritée de son père.

– *Voyez les commentaires* ▷ *412*
– *Retournez*   ▷ *405*

---

410 Mathieu : Les témoignages concordent, chef !
Adj. Savary : Un peu trop ; cela peut vouloir dire deux choses : ou bien ils disent la vérité...
Mathieu : ...
Adj. Savary : ... Ou bien ils mentent tous les trois.

Allez ▷ *413*

MATHIEU : L'autopsie confirme aussi la thèse de l'empoi- **411**
sonnement ?

ADJ. SAVARY : Peut-être, mais il y a au moins deux indices qui prouvent que ça ne s'est pas tout à fait passé comme ça !

MATHIEU : Ah oui, lesquels ?

ADJ. SAVARY : Au moins deux choses qui manquent, Mathieu ; pensez au proverbe : il n'y a pas de fumée sans feu.

MATHIEU : Et qu'est-ce que ça va me donner ?

ADJ. SAVARY : Un proverbe complémentaire, Mathieu quand il n'y a pas de fumée, c'est qu'il n'y a peut-être pas de feu.

Retournez ▷ 405

ADJ. SAVARY : C'est très intéressant cette visite au notaire, **412**
chef !

MATHIEU : C'est vrai, on se demande pourquoi la mère Trochu jouait les victimes.

ADJ. SAVARY : En tout cas, Mathieu, Trochu et ses amis avaient un deuxième mobile pour éliminer Mme Trochu : l'héritage.

MATHIEU : Ses amis ? Vous pensez à qui, chef ?

ADJ. SAVARY : Je vous l'ai déjà dit : maintenant je soupçonne tout le monde.

MATHIEU : Et le premier mobile ?

ADJ. SAVARY : L'empêcher de parler, tout simplement ! N'oubliez pas, Mathieu, que Mme Trochu est la seule personne que nous n'avons pas interrogée une deuxième fois.

Retournez ▷ 405

MATHIEU : Alors qu'est-ce qu'on fait ? **413**

ADJ. SAVARY : On rentre à Briançon et on attend quelques mois.

D'ici là, on va sûrement glaner quelques renseignements intéressants.

Continuez ▷ 414

414 *Six mois plus tard,* vous disposez de renseignements nouveaux :

– *bal à la mairie*	▷ 415
– *inauguration*	▷ 417
– *daltonisme*	▷ 419
– *un nouvel hôtel*	▷ 421
– *les transports Cerutti*	▷ 423
– *mariages*	▷ 425
– *lettre d'un commissaire*	▷ 427
– *un réseau démantelé*	▷ 429
– *encore la muscarine*	▷ 431
– *la librairе*	▷ 433
– *les frères Spadaro liquidés*	▷ 435
– *la douane s'inquiète*	▷ 437

Vous pouvez consulter ces informations et, si vous n'êtes pas pressés, les commentaires de Savary et Mathieu.

Quand vous aurez fini, allez ▷ 439

415 *Extrait du journal local :*

A l'occasion du départ à la retraite de Mme Suzanne Carreau, bien connue des habitants de Visson où elle a été pendant vingt-cinq ans secrétaire de mairie, le maire de notre commune a organisé une petite réception très réussie, suivie d'un bal où la nouvelle retraitée a fait preuve de sa forme en dansant le charleston avec l'adjoint du préfet.
Mme Carreau, félicitée par notre correspondant local, lui a confié qu'il y a trente ans elle avait même gagné un concours de danse à Gap.

– *Vous consultez les commentaires*	▷ 416
– *Vous retournez*	▷ 414

416 ADJ. SAVARY : Tiens, je croyais qu'elle avait une malformation de la hanche entraînant une légère claudication.
MATHIEU : Oui, je me rappelle, quelqu'un nous a dit ça.
ADJ. SAVARY : En effet, voyez la note 252.
MATHIEU : Alors le Dr Lepic nous a raconté des blagues ?
ADJ. SAVARY : Celle-ci et d'autres.

Vérifiez ▷ 252 ▷ 414

OUVERTURE DU PARC RÉGIONAL

INTERVIEW DU DIRECTEUR : M. LEPLAT

M. PAUL TROCHU,

NOMMÉ CHEF DES GARDES FORESTIERS

– *Commentaires* ▷ *418*
– *Retournez* ▷ *414*

Adj. Savary : Tiens, ils se sont réconciliés ! **418**
Mathieu : Oui, j'ai posé la question à M. Leplat ; il m'a dit : « J'ai maintenant confiance en Trochu, nous ferons une bonne équipe ».
Adj. Savary : Ça ne serait pas la première fois...

Retournez ▷ *414*

Au cours de l'hiver, l'adjudant Savary se renseigne sur **419** le daltonisme : un ami médecin lui apprend que ce trouble de la vision des couleurs, et notamment de la distinction entre le vert et le rouge, est lié au sexe et transmis héréditairement.
Savary explique la théorie des chromosomes à son adjoint. Mathieu a du mal à suivre mais il est heureux de montrer à son supérieur qu'il a bien relu ses notes et observe : « C'est comme ça que nous avons compris que la mère Trochu s'était trompée de bouteille. »

– *Vérifiez* ▷ *258* ▷ *168* ▷ *395* ▷ *420*
– *Commentaires* ▷ *420*

Adj. Savary : Eh bien, justement, ça ne colle pas ! **420**
Mathieu : Pourquoi ?
Adj. Savary : Parce qu'il n'y a pratiquement aucune chance qu'une femme soit daltonienne ; ce sont les hommes qui sont atteints.
Mathieu : Pourtant c'est le Dr Lepic qui nous...
Adj. Savary : Eh oui, Mathieu, toujours ce bon Dr Lepic...

Retournez ▷ *414*

421 *Source :* Presse locale.

A la suite de la création du parc régional, notre commune se prépare à recevoir de nombreux touristes. Notre concitoyen Michel Tréfel a entrepris la construction d'un bel hôtel « trois étoiles », *Les Gentianes*, situé au-dessus de La Voulte à l'entrée du parc. Une heureuse initiative qui témoigne du dynamisme des Vissonais.

– *Commentaires* ▷ 422
– *Retournez* ▷ 414

---

422 Adj. Savary : Un hôtel « trois étoiles » ! Les affaires ont l'air d'aller bien pour Michel...
Mathieu : Un garçon courageux.
Adj. Savary : Et qui avait déjà emprunté pour acheter la scierie ; il faut croire qu'il trouve facilement des capitaux.

– *Vérifiez* ▷ 197 ▷ 414
– *Retournez* ▷ 414

---

423 Vous remarquez, au printemps 1985, la publicité d'une société de transports vissonais :

CERUTTI Société transalpine
de transports
Déménagements et livraisons
dans toute l'Europe

La société dispose de trois camions et d'un autocar ; elle travaille surtout en France et en Italie.
Le propriétaire en est Angelo Cerutti, La Voulte.

– *Commentaires* ▷ 424
– *Retournez* ▷ 414

---

424 Adj. Savary : Angelo a repris son ancien métier, à plus grande échelle.
Mathieu : C'est vrai, il a été camionneur.
Adj. Savary : Je pensais à autre chose...

Retournez ▷ 414

Source : Bans publiés à la mairie de Visson. **425**

Au printemps 1985, la mairie de Visson publie les bans de mariage entre :

- TROCHU Paul, cultivateur, et DUBOIS Bernadette, sans profession.
- CERUTTI Angelo, entrepreneur, et LECŒUR Marie, cultivatrice.
- LEPLAT Charles, vétérinaire, et MARTINET Thérèse, infirmière.

– Commentaires ▷ 426
– Retournez ▷ 414

MATHIEU : Eh bien, c'est l'année des mariages, on dirait, **426** chef !

ADJ. SAVARY : Il y en a un qui est particulièrement intéressant, celui de Trochu et de Pilar, enfin de Bernadette Dubois.

MATHIEU : C'est vrai, il n'y a pas six mois il voulait lui casser la cabane !

ADJ. SAVARY : J'ai l'impression que ces deux-là aussi se sont bien moqués de nous !

Retournez ▷ 414

Source : Une lettre de M. Paoletti, commissaire à la **427** retraite, qui a jadis dirigé la brigade des jeux, ami de l'adjudant Savary.

... Je n'ai rien de très précis à vous dire ; toutefois le nom de Charles Leplat ne m'est pas totalement inconnu. Lors d'une enquête sur des courses truquées à Deauville, vers les années 1970, son nom avait été prononcé : il s'agissait d'un jeune vétérinaire employé aux haras du baron de Rothschild et qui avait été vaguement impliqué dans une histoire de dopage de chevaux.

Il n'y avait aucune preuve contre lui, mais l'éleveur a préféré se passer de ses services.

– Commentaires ▷ 428
– Retournez ▷ 414

428 ADJ. SAVARY : Tiens, tiens, une fausse note, on dirait !
MATHIEU : C'est vrai, on nous a pourtant répété que c'était un homme d'une grande probité.
ADJ. SAVARY : Ça expliquerait sa retraite à La Voulte.

Retournez ▷ *414*

---

429 *Source :* Presse française.

Un beau succès d'Interpol : on apprend que les efforts conjugués d'Interpol et des polices française et italienne ont permis de démanteler un important réseau de trafic en tous genres, organisé à Coni en Italie, par deux mafiosi notoires, les frères Spadaro, qui agissaient sous le couvert d'une entreprise de transports.

– *Commentaires* ▷ *430*
– *Retournez* ▷ *414*

---

430 MATHIEU : Sans vous vanter, chef, c'est grâce à vous !
ADJ. SAVARY : Ne nous réjouissons pas trop vite, Mathieu, avec la mafia, quand on coupe une branche, elle repousse ailleurs...

Retournez ▷ *414*

---

431 *Source :* Traité de pharmacologie.

La muscarine, que l'on trouve à l'état naturel dans certains champignons vénéneux tels que la fausse oronge ou amanite tue-mouches, peut être utilisée en pharmacie. La muscarine employée à cet effet est un produit de synthèse fabriqué en laboratoire.

– *Commentaires* ▷ *432*
– *Retournez* ▷ *414*

---

432 MATHIEU : Pas la peine de faire de la bouillie de champignons, alors ?
ADJ. SAVARY : Non, surtout si on est en rapport avec les laboratoires clandestins !

Mathieu : Des laboratoires clandestins, ça me dit quelque chose...
Adj. Savary : Relisez vos notes, Mathieu !

Retournez ▷ 414

La libraire de Visson nous a appris que M. Leplat est un **433** grand lecteur de romans policiers : il achète régulièrement toutes les parutions en collections de poche.
Vous lui demandez la liste des romans qu'il a achetés au cours des trois dernières années et vous les lisez, et plus particulièrement ceux où l'arme du crime est le poison.

– *Commentaires* ▷ 434
– *Retournez* ▷ 414

Mathieu : On se demande où ces romanciers vont chercher **434** tout ça, à croire qu'Agatha Christie était pharmacienne !
Adj. Savary : Rien sur la muscarine !
Mathieu : Si, un roman de Dorothy Sayers : *Les Pièces du dossier* ; il s'agit d'un empoisonnement à la muscarine de synthèse, maquillé en intoxication alimentaire.
Adj. Savary : Très instructif ! Et quand M. Leplat a-t-il acheté ça ?
Mathieu : Il y a un an environ d'après le registre de la librairie.

Retournez ▷ 414

Source : Presse italienne. **435**

Alors que la police se préparait à arrêter les frères Spadaro à Coni, les corps des deux mafiosi ont été retrouvés en montagne, dans les environs de Bardonèche, abattus chacun d'une balle de 22 long rifle, vraisemblablement tirée au fusil à lunette. La police italienne pense à un règlement de comptes entre bandes rivales de la mafia.

– *Commentaires* ▷ 436
– *Retournez* ▷ 414

436 ADJ. SAVARY : Tiens, tiens, on a liquidé les frères Spadaro.

MATHIEU : Dans la mafia, c'est classique entre bandes rivales, chef : on supprime les branches mortes...

ADJ. SAVARY : Oui, mais au 22 long rifle, c'est nouveau ; d'habitude, c'est à la *lupara*, fusil de chasse sicilien à canon scié, avec lequel on tire à bout portant.

MATHIEU : C'est vrai, le 22 long rifle à lunette, c'est plutôt l'arme des tireurs de chamois.

ADJ. SAVARY : Bravo, Mathieu, vous faites des progrès : l'exécution est bien signée mafia, mais la signature est nouvelle et les mafiosi pas forcément siciliens.

Retournez ▷ *414*

---

437 *Source :* Direction des douanes.

Malgré le démantèlement du réseau des frères Spadaro, le trafic entre le nord de l'Italie et la région Rhône-Alpes (devises, drogue, produits pharmaceutiques illégaux, etc.) connaît depuis ces derniers mois une forte recrudescence.

En revanche, l'immigration clandestine par les petits cols

– *Commentaires* ▷ *438*
– *Retournez* ▷ *414*

---

438 MATHIEU : C'est inquiétant et rassurant à la fois : Angelo a cessé ses promenades en montagne.

ADJ. SAVARY : Vous en êtes sûr ? Je dirais plutôt que la filière d'immigration clandestine est interrompue ; ça ne rapporte plus assez...

MATHIEU : Tiens, pourquoi donc ?

ADJ. SAVARY : Avec le chômage en France et les contrôles, il n'y a plus tellement de clients ; c'est probablement pour ça qu'on nous a laissé découvrir ce trafic.

Retournez ▷ *414*

---

439 À la gendarmerie de Briançon, un matin de printemps :

ADJ. SAVARY : Vous vous rappelez le billet anonyme sur notre pare-brise ?

Mathieu : Oui, chef ; c'est Mlle Barbin qui l'avait écrit.
Adj. Savary : Eh bien non, je lui ai demandé ; elle m'a juré que ce n'était pas elle.
Mathieu : Qui alors ?
Adj. Savary : Je n'en sais rien mais j'ai fait expertiser le papier ; c'est le même que celui des ordonnances du Dr Lepic...

Continuez ▷ 440

Mathieu : Encore lui ! **440**
Adj. Savary : En tout cas, on va faire un tour à Visson ; j'aimerais parler avec Mlle Barbin ; demain c'est mercredi, elle n'a pas école. Je vais lui téléphoner de descendre au village où nous la rencontrerons ; on montera ensuite à La Voulte.

Continuez ▷ 441

Mercredi matin, vous arrivez à Visson ; mais Mlle Barbin **441** n'est pas au rendez-vous. Voici ce qui s'est passé :

Ce matin, mercredi 5 mars, Mlle Barbin est descendue de La Voulte en empruntant la mobylette de Thérèse Martinet. Elle devait passer à son école et ensuite à la gendarmerie de Visson.
La présence d'un camion en panne au tournant du kilomètre 49 l'a obligée à freiner brutalement à l'endroit où, par suite d'un éboulement récent, le parapet de protection a été emporté. Son engin, ayant dérapé, l'a entraînée dans le ravin où elle succombe à sa chute. L'accident a eu lieu à huit heures et demie.

Regardez le plan ▷ 203 ▷ 442

Vous voulez quelques précisions : **442**

  – *Vous voulez savoir à qui appartenait le camion* ▷ 443
  – *Vous vous demandez pourquoi Mlle Barbin*
  a emprunté la mobylette de Thérèse ▷ 444
  – *Vous faites examiner la mobylette* ▷ 445

Allez ensuite ▷ 446

443 C'est un camion des transports Cerutti.

Retournez ▷ 442

---

444 D'habitude, Mlle Barbin descend à La Voulte par l'autocar de ramassage scolaire. Quand elle va au village le mercredi, jour de congé où il n'y a pas d'autocar, elle emprunte toujours la mobylette de Thérèse.

Retournez ▷ 442

---

445 Vous examinez la carcasse de la mobylette : le système de freinage a été saboté de façon à céder au premier coup de frein brusque.

Retournez ▷ 442

---

446 ADJ. SAVARY : Pauvre Mlle Barbin ; c'est de ma faute, nous avons perdu trop de temps. Cette fois, on monte à La Voulte et on les arrête.
MATHIEU : Qui ?

Continuez ▷ 447

---

447 Oui au fait, qui ? Vous avez le choix :

Angelo	Thérèse Martinet
Mme Carreau	Pilar
Marie Lecœur	Michel Tréfel
Dr Lepic	Trochu
Leplat	

Si vous n'avez pas trouvé, voyez la solution ▷ 448

---

448 ADJ. SAVARY : *Tout le monde.*
MATHIEU : J'aurais dû m'en douter, vous me l'aviez laissé entendre il y a six mois.

– *Vérifiez* ▷ 403
– *Voyez l'explication* ▷ 449

---

449 Le cerveau de la bande est le Dr Lepic, assisté de Leplat et Trochu. Ils se sont assurés les services de Michel Tréfel qui connaît parfaitement la montagne et d'Angelo, à cause de ses liens avec la mafia.

Pilar, Thérèse, Mme Carreau et Marie sont leurs complices et amies.

La bande a d'abord travaillé en liaison avec les mafiosi installés à Coni, puis a décidé de les éliminer et d'agir pour son propre compte.

Continuez ▷ 450

La création du parc régional était une excellente occasion **450** de s'assurer du contrôle de la région frontalière. D'où le projet du Dr Lepic et de ses principaux complices de s'infiltrer dans la direction et l'administration du parc. Ils pourraient ensuite se débarrasser des frères Spadaro. Mais il fallait aussi éliminer les trois personnes de La Voulte qui pouvaient suspecter leur activités, s'y opposer ou en parler.

Continuez ▷ 451

La première victime est Eusèbe, parce qu'il parle trop ; **451** c'est aussi un fil à la patte pour Leplat qui le lie à son passé et à Mlle Barbin. On l'enivre, on l'empoisonne un soir et on le laisse agonisant dans la cabane à outils du « chalet des demoiselles ». On organise ensuite une mise en scène pour duper Mlle Barbin et surtout pour faire accuser Mme Trochu et la « suicider » avant qu'elle puisse se défendre.

Continuez ▷ 452

On berne les enquêteurs par une série de mensonges **452** concertés et de faux indices : empreintes, substitution de bouteilles, prétendu daltonisme de Mme Trochu, souliers à hauts talons, ainsi que la mise en scène des empoisonnements à la fausse orange.

Comme l'enquête est essentiellement fondée sur ce que les gens disent, les complices s'arrangent pour mentir habilement et de façon complémentaire afin de mettre les enquêteurs sur la fausse piste préparée à leur intention.

Continuez ▷ 453

453 Si, en effet, on arrive bien à faire absorber au malheureux Eusèbe de l'extrait de champignon vénéneux mélangé à l'alcool, c'est avec une piqûre intraveineuse de muscarine chimique que le Dr Lepic élimine Mme Trochu. Les assassins ont fait venir ce produit des laboratoires clandestins italiens. Mais durant l'enquête, Thérèse Martinet, Lepic, Marie Lecœur et Pilar ont systématiquement orienté notre attention vers les champignons vénéneux : le suicide à la fausse oronge de l'empoisonneuse présumée était la seule solution plausible.

Continuez ▷ 454

---

454 Pour mieux tromper les enquêteurs, on leur fait même cadeau de quelques révélations anodines et sans grande valeur : le braconnage et la petite contrebande de Trochu et d'Angelo, le colis à l'usine de veau industriel et même la filière d'immigration clandestine, activités illicites mais déjà découvertes ou peu rentables. La bande a décidé d'y renoncer pour travailler à une plus grande échelle.

Continuez ▷ 455

---

455 La bande décide de faire une troisième victime, Mlle Barbin, quand elle apprend par Thérèse Martinet que l'institutrice a l'intention de passer à la gendarmerie : elle en sait peut-être trop ou a des doutes. Le mercredi, jour où il n'y a pas d'autocar de ramassage scolaire, elle se sert de la mobylette de Thérèse, à qui elle a eu l'imprudence de confier son projet ; rien n'est plus facile que d'organiser l'accident avec l'aide d'Angelo qui, parti un peu de temps avant Mlle Barbin, simule une panne au virage dangereux du kilomètre 49 juste avant l'arrivée de la mobylette dont on a saboté les freins.

– *Cette explication vous semble suffisante* ▷ 469
– *Vous voulez éclaircir certains points* ▷ 456

---

456 Mathieu : Tout ça semble cohérent, chef, mais comment l'avez-vous compris ? Certains détails m'échappent.

Adj. Savary : À votre tour d'interroger, Mathieu. Posez-moi des questions.

Continuez ▷ 457

Les questions de Mathieu :   **457**

1. *Comment avez-vous compris qu'ils étaient tous complices ?*   ▷ 458
2. *Qui a menti ?*   ▷ 459
3. *Et les empreintes dans le jardin ?*   ▷ 463
4. *Pourquoi Trochu est-il allé voir Mlle Barbin le soir de la mort d'Eusèbe ?*   ▷ 464
5. *Et le daltonisme ?*   ▷ 466
6. *Pourquoi le billet anonyme ?*   ▷ 467
7. *Je n'y vois toujours pas clair dans cette histoire de muscarine.*   ▷ 468

Si vous connaissez déjà les réponses ▷ 469

Adj. Savary : Vous jouez au bridge, Mathieu ?   **458**

Mathieu : Ma foi non, chef, à la belote, oui quelquefois.

Adj. Savary : Répétez rapidement à la suite Tréfel, Carreau, Lecœur, Lepic.

Mathieu : Trèfle, carreau, cœur, pique... Ça alors, les couleurs des cartes !

Adj. Savary : C'est une simple coïncidence mais par association d'idées, cela m'a fait penser à une bande. En outre, la couleur la plus forte est le pique... Le Dr Lepic, le cerveau de la bande...

– *Cette explication vous suffit* ▷ 469
– *Cette explication ne vous suffit pas* ▷ 457

Adj. Savary : En fait, ce qui m'a fait comprendre qu'ils **459** étaient complices, c'est la complémentarité de leurs mensonges. L'histoire des souliers à talons par exemple ne pouvait nous amener à soupçonner Mme Trochu que s'ils s'étaient mis tous d'accord. Dès lors, ou bien Mme Trochu était coupable, mais dans ce cas pourquoi l'aurait-on assassinée ? Ou bien elle était innocente et ils avaient tous menti.

Continuez ▷ 460

460 MATHIEU : D'accord mais qu'est-ce qui vous a fait comprendre qu'on avait assassiné Mme Trochu ?

ADJ. SAVARY : L'autopsie, mon cher : il aurait dû y avoir de la muscarine dans les viscères et des traces d'atropine dans le sang. Or, on ne signale que de la muscarine dans le sang et la trace d'une piqûre que Lepic admet avoir faite.

En réalité, il l'a piquée à la muscarine. Mme Trochu n'a donc pas absorbé de poison, ce qui implique que Trochu et Marie Lecœur ont fait toutes les deux un faux témoignage.

Vérifiez ▷ *407* ▷ *408* ▷ *411* ▷ *461*

---

461 Un autre petit mensonge, anodin en apparence : la claudication de Mme Carreau mentionnée en passant par Lepic et confirmée par celle-ci. Pourquoi ? Pour nous orienter vers les deux seules personnes ayant des souliers à hauts talons : Pilar et Mme Trochu.

Pilar, complice de la mise en scène, se prépare un alibi incontestable en allant à Briançon ; Marie Lecœur et Trochu nous mettent sur la piste de la malle dans le grenier.

On nous laisse le soin de conclure.

Continuez ▷ *462*

---

462 MATHIEU : Vous pensez que la Marie aussi nous a menti dans ses premiers témoignages ?

ADJ. SAVARY : Bien sûr, pour nous faire croire que Mme Trochu était sortie ; mais elle s'est embrouillée avec le détail de la barrière et cette histoire de demi-sommeil entre neuf et dix heures. De deux choses l'une, ou bien elle était restée éveillée jusqu'à dix heures et elle aurait dû entendre la barrière grincer plusieurs fois, ou bien elle s'était endormie et elle n'aurait pas pu entendre Mme Trochu aller de la cave au grenier.

– *L'explication des mensonges vous suffit* ▷ *469*
– *L'explication ne vous suffit pas* ▷ *457*

MATHIEU : Et les empreintes dans le jardin ?

ADJ. SAVARY : Une mise en scène. Elles ont été faites le matin, après le départ de Mlle Barbin pour l'école, en utilisant les souliers de Mme Trochu et une paire de bottes en caoutchouc quelconque, peut-être même celles du mort, qui sait ?

En scène également la bouteille trouvée dans le jardin de Lepic.

C'est pour mettre en place ces faux indices qu'ils ont tardé à nous téléphoner.

– *Cette explication vous suffit* ▷ 469
– *Cette explication ne vous suffit pas* ▷ 457

MATHIEU : Donc Mme Trochu n'est jamais sortie de chez **464** elle ?

ADJ. SAVARY : Pas ce soir-là.

Mais il fallait empêcher qu'on l'interroge une deuxième fois : elle aurait pu nous convaincre de son innocence.

MATHIEU : Et la visite de Trochu à Mlle Barbin ? Inventée aussi ?

ADJ. SAVARY : Pas du tout, Mlle Barbin et même Trochu, sur ce point, ont dit la vérité ; la visite s'est bien passée comme on nous l'a racontée, à quelques détails près.

MATHIEU : Comment ça ?

Continuez ▷ 465

ADJ. SAVARY : La visite de Trochu servait à distraire son **465** attention pendant qu'on abandonnait Eusèbe dans la cabane à outils.

Rappelez-vous la scène, la télévision, la discussion violente, tout cela pendant qu'Angelo et Michel traînaient le corps d'Eusèbe dans la cabane, en passant à travers la haie pour ne pas risquer d'être aperçus. Trochu a également profité de sa visite pour subtiliser la bouteille de gentiane en partant.

– *Cette explication vous suffit* ▷ 469
– *Cette explication ne vous suffit pas* ▷ 457

466 Mathieu : Je n'ai toujours pas bien compris cette histoire de daltonisme.

Adj. Savary : Une invention astucieuse suggérée par Leplat, grand lecteur de romans policiers, à Lepic pour nous faire croire que Mme Trochu avait confondu la bouteille verte et la bouteille brune. Ça a d'ailleurs failli marcher ; je suis tombé dans le panneau quand elle a dit : « Elles sont pareilles. » Elle voulait dire des bouteilles de la même forme, appartenant toutes deux à son mari.

– *Cette explication vous suffit* ▷ 469
– *Cette explication ne vous suffit pas* ▷ 457

---

467 Mathieu : Mais pourquoi le billet anonyme dénonçant le crime ?

Adj. Savary : On nous avait appâtés, il fallait nous ferrer, comme disent les pêcheurs à la ligne. Nous aurions pu classer l'affaire comme la méprise tragique d'un idiot ramassant par hasard une bouteille de poison. Ils ont dû y penser au dernier moment ; d'où l'imprudence du Dr Lepic qui déchire un morceau d'ordonnance pour écrire *Eusèbe a été assassiné.*

– *Cette explication vous suffit* ▷ 469
– *Cette explication ne vous suffit pas* ▷ 457

---

468 Mathieu : Et la muscarine, je n'y vois toujours pas clair...

Adj. Savary : L'histoire de l'avortement de Marie et de la mort du chien est exacte, mais elle a donné des idées à Pilar et surtout à Lepic qui en a parlé à Leplat. Trois ans plus tard, Leplat lit ce vieux roman policier anglais : le scénario est tout trouvé. Les fausses oronges poussent en abondance sous les sapins au début de l'automne ; comme l'a dit Pilar, il n'y a qu'à se baisser pour en ramasser. On empoisonnera donc Eusèbe à la muscarine naturelle ; pour Mme Trochu on se procure le produit chimique aux laboratoires clandestins de la mafia qui fabriquent de la drogue et des hormones à bestiaux.

– *Cette explication vous suffit* ▷ 469
– *Cette explication ne vous suffit pas* ▷ 457

MATHIEU : Mais pourquoi avoir attendu six mois, chef ? **469**
ADJ. SAVARY : Il le fallait, même si je ne me pardonne
   pas la mort de Mlle Barbin.
   Voyez-vous, Mathieu, la vérité n'existe pas, ni le
   mensonge ; ce sont des constructions. Un échafaudage
   bien construit de mensonges peut être plus plausible
   que la vérité ; mais comme un décor de théâtre, il est
   plus fragile et ne résiste pas au temps.

> – *Cette conclusion philosophique vous suffit* ▷ 399
> – *Elle ne vous suffit pas*
>   *et vous voulez des preuves* ▷ 470

On trouvera des preuves en abondance en perquisitionnant **470**
chez les suspects. Par exemple :

– Chez Pilar, ex-Bernadette Dubois devenue Mme Trochu :
  un carnet d'adresses de revendeurs de drogues.
– Chez Leplat : la liste des éleveurs de veaux aux
  hormones et le roman annoté de Dorothy Sayers.
– Chez Lepic : une bouteille de muscarine chimique et la
  comptabilité de la nouvelle mafia.
– Chez Angelo : le 22 long rifle qui a abattu les frères
  Spadaro.

Retournez ▷ 399

Vous allez examiner la haie ; effectivement des arbustes **471**
sont froissés et brisés : une ou plusieurs personnes sont
passées par là récemment.

Mathieu n'a pas le temps de vérifier toutes les indications **472**
du Dr Lepic. Il rencontre seulement Mme Carreau qui lui
confirme qu'elle boîte légèrement si elle ne met pas des
semelles compensées.

IMPRIMÉ EN FRANCE PAR BRODARD ET TAUPIN
58, rue Jean Bleuzen - Vanves.
6374-5 - Usine de La Flèche, le 05-08-1986.
Dépôt légal n° 1900.7.1986 - Collection n° 05 - Edition n° 01
16/4690/2